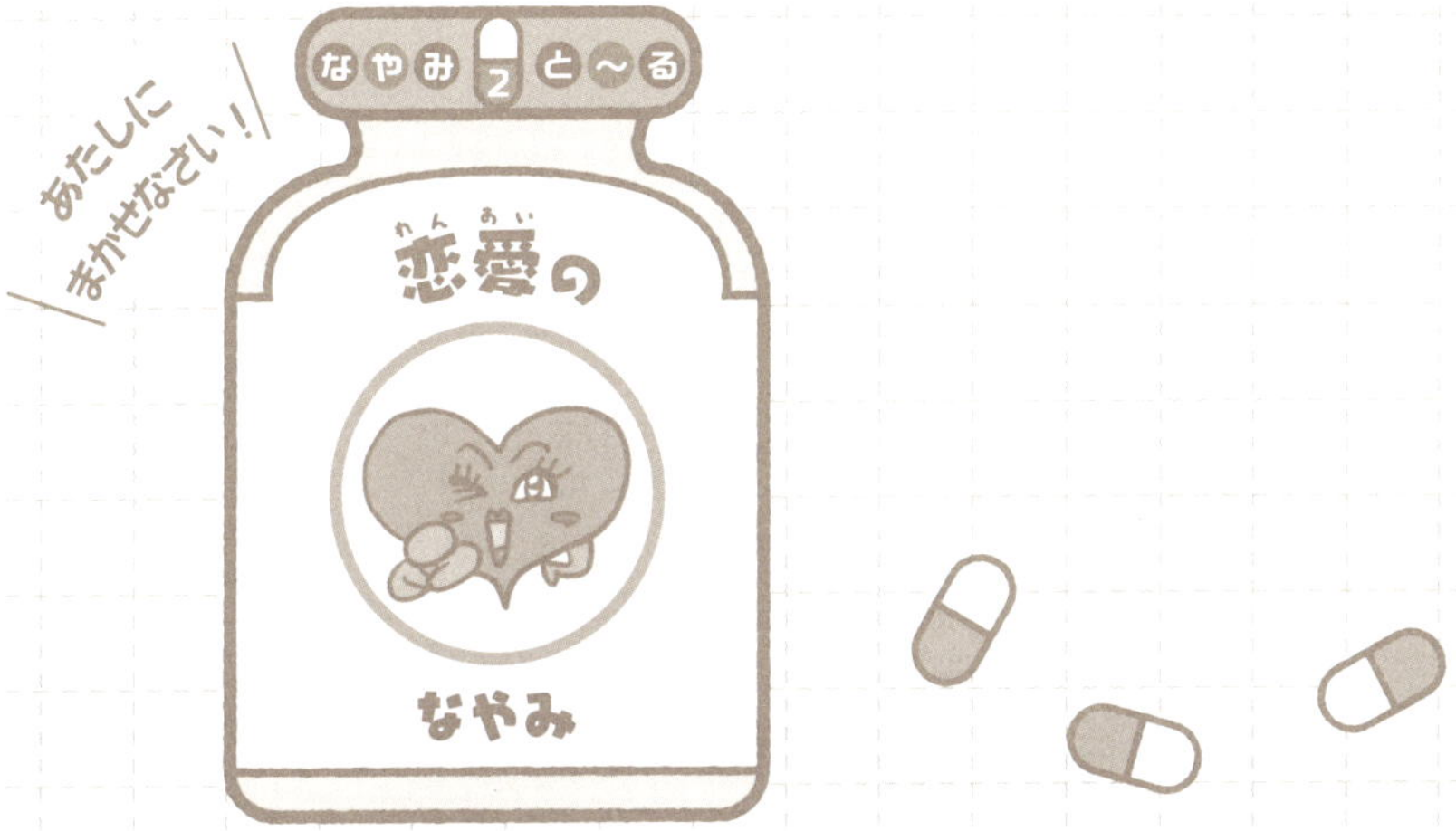
あたしに
まかせなさい！
なやみ2と～る
恋愛《れんあい》の
なやみ

なやみと〜る 2

恋《れん》愛《あい》のなやみ

恋バナ収集ユニット　小学校教諭
桃山商事・北川雄一・監修 ／ 梶塚美帆・文 ／ つぼいひろき・絵

岩崎書店

はじめに

恋愛《れんあい》のことが気《き》になるきみ、
この本《ほん》をひらいてくれてありがとう。
今《いま》、好《す》きな人《ひと》はいますか？
それとも、ステキな人《ひと》があらわれるのを待《ま》っているところ？

好《す》きな人《ひと》ができると、今《いま》まであじわったことのない気持《きも》ちが生《う》まれるよね。
ちょっとしたことでうれしくなったり、悲《かな》しくなったり。
本当《ほんとう》は好《す》きなのに、いじわるをしてしまうこともあるかもしれない。

自分《じぶん》が自分《じぶん》じゃないみたい！
気持《きも》ちはまるで、ジェットコースターみたいに浮《う》きしずみして……、
時《とき》には混乱《こんらん》して、つらくなってしまうこともあるよね。

恋《こい》をすると、傷《きず》つくこともある。
でもそれって、人生《じんせい》の経験値《けいけんち》レベルが１００ぐらい上《あ》がる貴重《きちょう》なできごと。
自分《じぶん》はこの世《よ》で唯一《ゆいいつ》のかけがえのない存在《そんざい》だということをわすれないで。
失恋万歳《しつれんばんざい》！　くらいの気持《きも》ちでドンとかまえていたらいいんだよ。

この本《ほん》では、恋愛《れんあい》のことで大《おお》いになやんだ先輩《せんぱい》たちや学校《がっこう》の先生《せんせい》、
恋愛相談《れんあいそうだん》のスペシャリストとたくさん話《はな》し合《あ》って、よくあるなやみから
めずらしいなやみまで、その解決《かいけつ》のヒントを集《あつ》めました！

ナビゲーターの「ハートちゃん」とともに、
ひとつひとつ、困難《こんなん》をのりこえていく主人公《しゅじんこう》「のりちゃん」と「りゅうくん」の
成長《せいちょう》を見《み》ながら、いい恋愛《れんあい》をするためのヒントにしてもらえたらうれしいです。

もくじ

登場人物《とうじょうじんぶつ》

りゅう

のりこの兄《あに》。中学《ちゅうがく》2年生《ねんせい》。
クールだが、妹思《いもうとおも》い。
じつは好《す》きな人《ひと》がいて……

のりこ

小学《しょうがく》6年生《ねんせい》。
恋《こい》に落《お》ちるのを夢見《ゆめみ》る、
恋《こい》に恋《こい》する女《おんな》の子《こ》。

恋《こい》っていったいなんなんだ!?

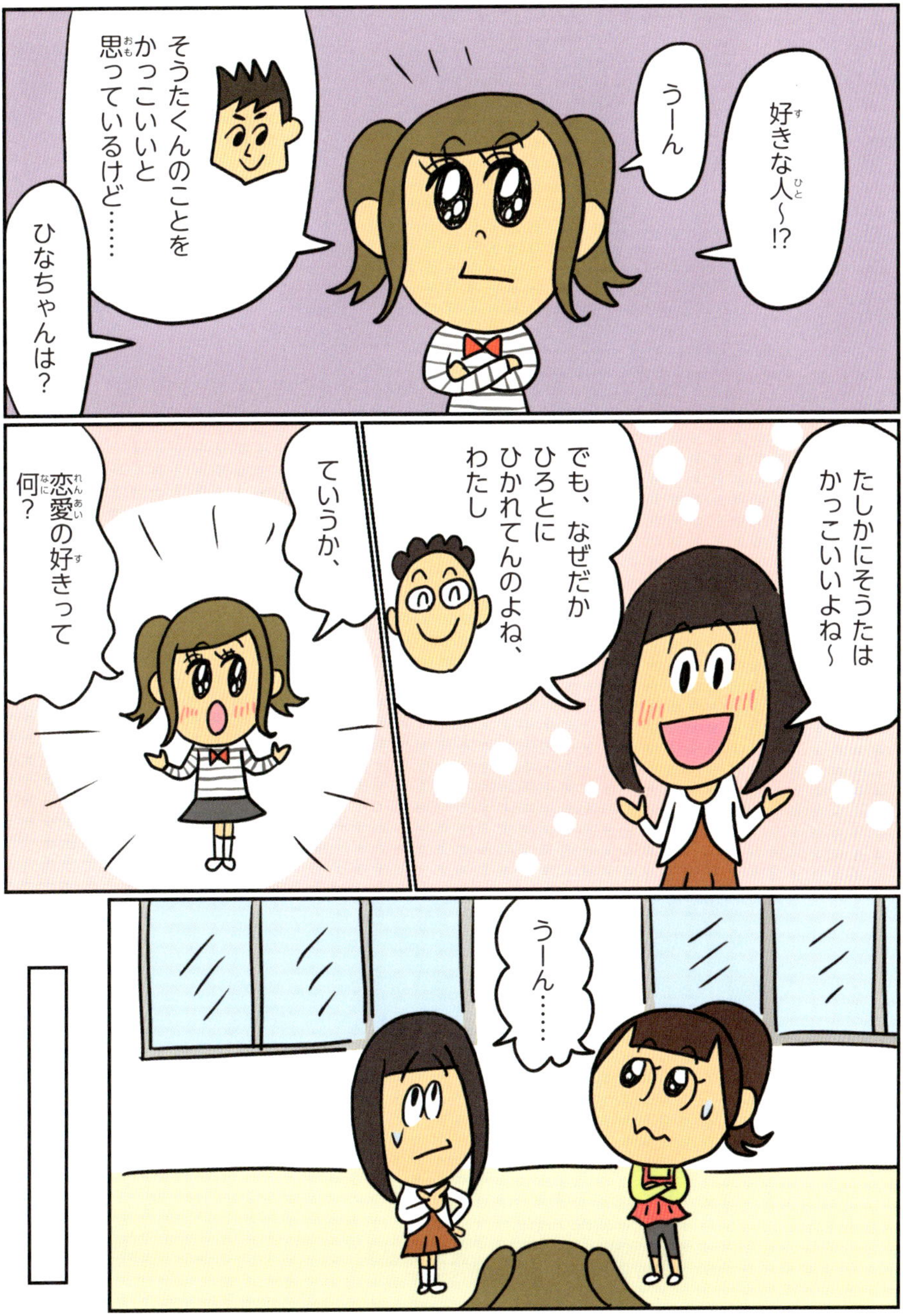
好《す》きな人《ひと》〜!?
うーん
そうたくんのことをかっこいいと思《おも》っているけど……
ひなちゃんは？
たしかにそうたはかっこいいよね〜
でも、なぜだかひろとにひかれてんのよね、わたし
ていうか、
恋愛《れんあい》の好《す》きって何《なに》？
うーん……

ただいま!!
おかえり～
ねぇねぇ、同《おな》じクラスのりんちゃんに彼氏《かれし》ができたんだよ
か、かれし!? おまえたち まだ小学生《しょうがくせい》だろ!?
わたしも彼氏《かれし》がほしいなぁ
彼氏《かれし》って何《なに》か わかってんの?
お兄《にい》ちゃんは わかってるの??
うっ
あたしに まかせなさい!

今《いま》、あそこのハートのサボテン……
しゃべったよね……？
なんか色が…
恋《こい》が何《なに》かもわかってないのに彼氏《かれし》がほしいなんてちょっとヘンね
シュッ
うわぁぁぁ、なんだ？なんだ？
わたしは恋愛《れんあい》マスターのハートちゃんよ
のりちゃん、今《いま》、好《す》きな人《ひと》はいるの？
うーん そうたくんはかっこよくて、しょうくんはおもしろい
いっしょにいてホッとするのはともきくんで……
気《き》が多《おお》いな！
地球上《ちきゅうじょう》に男《おとこ》は35億人《おくにん》もいるの。あせらなくて大丈夫《だいじょうぶ》
わたしといっしょに、恋愛《れんあい》について考《かんが》えていきましょ！
……
うん！
あなたもよ！
ビシッ
え！

クラスで恋愛《れんあい》が大《だい》ブーム！　興味《きょうみ》しんしんなのりちゃん。
中学生《ちゅうがくせい》だけど恋愛《れんあい》のことがよくわかっていないりゅうくん。
恋愛《れんあい》の「好《す》き」って何《なに》？　好《す》きな人《ひと》ができたら、どうしたらいい？
きらわれたらどうしよう？　彼氏《かれし》や彼女《かのじょ》ができたら、何《なに》するの？
不安《ふあん》でいっぱいだよね。
だけど、恋愛《れんあい》ってすてきなことでもあるよ。
学校《がっこう》に行《い》くのが楽《たの》しみになったり、毎日《まいにち》がキラキラ輝《かがや》いて見《み》えたり。
好《す》きな人《ひと》を見《み》るとドキドキ。話《はな》せなかった日《ひ》は、シュン……。
恋愛《れんあい》は大人《おとな》への入《い》り口《ぐち》。
だから、気《き》をつけなくちゃいけないこともたくさんあるんだ。
あせらないで、ゆっくりと、そして楽《たの》しみながら、
恋愛《れんあい》について考《かんが》えてみようね。

第《だい》1章《しょう》

「好《す》き」って どんな気《き》持《も》ち？

恋愛《れんあい》の「好《す》き」って、何《なに》？

「好《す》き」って、きっとこういう気持《きも》ち

友達《ともだち》のことが「好《す》き」っていう気持《きも》ちとはちがうみたい。

心《こころ》がゆれて、

心《こころ》がじんわりあったかくなったり、とにかく落《お》ち着《つ》かなくなったり……。

悲《かな》しくなったり、

好《す》きな人《ひと》に冷《つめ》たくされると、この世《よ》の終《お》わりのような気《き》持《も》ちに。

幸《しあわ》せだったり……。

好《す》きな人《ひと》にやさしくされるとすごーく幸《しあわ》せな気持《きも》ちに！

うれしくなったかと思《おも》えば、たちまち悲《かな》しくなって……
気持《きも》ちが不安定《ふあんてい》になるみたいね。でもそれはちっともおかしいことじゃないのよ！
「恋《こい》の病《やまい》」という言葉《ことば》もあるぐらいなの。

これって、「好《す》きな人《ひと》ができた」ってことかも！？

恋《こい》をするといつもとちがう自分《じぶん》になっちゃう……
どんな変化《へんか》があらわれるのかな。まとめてみたよ！

- 目《め》が合《あ》うとドキドキする
- その人《ひと》のことばかり考《かんが》えてしまう

- 声《こえ》がきこえるとふりむいちゃう
- 今《いま》までふつうに話《はな》せていたのに、はずかしくて話《はな》せなくなっちゃった

自分《じぶん》以外《いがい》の子《こ》と楽《たの》しそうにしているとドキンとする

会《あ》いたいから、学校《がっこう》に行《い》きたくなる

つい、目《め》で追《お》っちゃう

やさしくされると、その日《ひ》一日《いちにち》ハッピー！

毎日《まいにち》が楽《たの》しくなる

その人《ひと》のことを考《かんが》えるだけで幸《しあわ》せ

まだこんな気《き》持《も》ちになったことはない？
それともぜんぶ思《おも》いあたっちゃった？
だれかを好《す》きになるのは、自然《しぜん》なことなのよ。

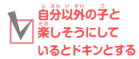

好《す》きな人《ひと》ができないって、ヘン？

アドバイス

あせらなくても大丈夫《だいじょうぶ》！

好《す》きな人《ひと》は、無理《むり》やりつくるものじゃない

好《す》きって気持《きも》ちは、自然《しぜん》とわきあがってくるもの。いろんな人《ひと》と出会《であ》って話《はな》して、相手《あいて》のことをよく知《し》っていくうちに恋《こい》に落《お》ちるんだよ。

恋《こい》はまさに十人十色《じゅうにんといろ》。
始《はじ》まりもいろいろよ。
一目《ひとめ》ぼれもあるかもね〜！

♥♥ みんなにきいた ♥♥

わたしが恋《こい》に落《お》ちた瞬間《しゅんかん》……♥

♥息《いき》がピッタリでキュン♥

スポーツチームで
いっしょに
がんばっているとき

♥やさしさにキュン♥

なやみをきいて
はげましてくれたとき

♥意外《いがい》な姿《すがた》にキュン♥

いつもはおふざけ
キャラなのに落《お》ちこんでいる姿《すがた》を見《み》たとき

♥たのもしくってキュン♥

遠足《えんそく》で同《おな》じ班《はん》になって
一日《いちにち》いっしょに
すごしたとき

みんなは恋《こい》してる？ してない？

参加《さんか》メンバー

あおい ぜっさん片想《かたおも》い中《ちゅう》！

ななみ 好《す》きな人《ひと》がいない……恋《こい》をしてみたい！

みゆう 好《す》きな人《ひと》と両想《りょうおも》いということが判明《はんめい》

ななみ ふたりとも、好《す》きな人《ひと》がいるんだよね。

あおい わたしは片想《かたおも》い中《ちゅう》、みゆうちゃんは両想《りょうおも》いだけどね。

ななみ わたしは、好《す》きな人《ひと》がいたことがないので、今日《きょう》は恋《こい》について教《おし》えてください！（笑《わらい》）

あおい わたしは、みゆうちゃんがどうやって両想《りょうおも》いになったのか、ききたい！

みゆう わたしもビックリしたんだけど、好《す》きな人《ひと》となかよしの男友達《おとこともだち》が教《おし》えてくれたんだ。

あおい いいな～！

みゆう それでカレの気持《きも》ちを知《し》った感《かん》じ。

ななみ じゃあ直接《ちょくせつ》好《す》きって言《い》ったわけじゃないんだね。

みゆう うん。両想《りょうおも》いってわかったけど、ちゃんと告白《こくはく》しようって思《おも》ってるんだ。あおいちゃんは、好《す》きな人《ひと》とはどんな感《かん》じなの？

あおい 同《おな》じクラスの子《こ》が好《す》きなんだけど、休《やす》み時間《じかん》にときどきいっしょに校庭《こうてい》で遊《あそ》んでるよ。

ななみ じゃあ、なかよしなんだね。

みゆう 両想《りょうおも》いになりたいんだ？

あおい そりゃあね……。でも、今《いま》の友情《ゆうじょう》がこわれるのが怖《こわ》いかも。

みゆう わかる～!! でも、気《き》持《も》ちを伝《つた》えたいよね。

ななみ ふたりとも恋《こい》していていいな。どうしたら好《す》きな人《ひと》ができるの？

あおい わたしも最近《さいきん》まで「好《す》きな人《ひと》ほしい～!!」って思《おも》ってたんだ。いつのまにかできるから、あせらなくていいんじゃないかな。

みゆう うんうん、まわりにも好《す》きな人《ひと》がいない子《こ》もけっこういるし、自然《しぜん》とできると思《おも》うよ。

恋《こい》をしている子《こ》もいれば、
まだわからないって子《こ》もいるわね。
まわりのことは気《き》にせず、
自分《じぶん》のペースで大丈夫《だいじょうぶ》よ！

恋《こい》の心理《しんり》テスト 1

監修・生田目浩美.

Q. ①～⑤の料理《りょうり》をいっしょに食《た》べたいと思《おも》う身近《みぢか》な異性《いせい》を、それぞれ思《おも》い浮《う》かべてね。

① おすし

② ハンバーグ

③ ピザ

④ カレーライス

⑤ オムライス

← 答《こた》えは、P22へ！

A. 選《えら》んだ異性《いせい》は、あなたにとってどんな存在《そんざい》なのかがわかるよ。

1 おすし → じつは好《す》きな人《ひと》

おすしには、自分《じぶん》を魅力的《みりょくてき》に見《み》せて、相手《あいて》を好《す》きにさせちゃうパワーがあるらしい。いっしょに食《た》べたいということは、相手《あいて》をあなたのとりこにしたいと思《おも》っているのかも。

2 ハンバーグ → 結婚相手《けっこんあいて》にピッタリな人《ひと》

ハンバーグは、ひき肉《にく》をこねてつくる料理《りょうり》。お肉《にく》をひとかたまりにまとめて焼《や》く=ひとつになるから、結婚《けっこん》のパワーがあるらしい。ギュッとくっついて離《はな》れないふたりになれるかも。

3 ピザ → 大親友《だいしんゆう》

大《おお》きな1枚《まい》を分《わ》け合《あ》うピザ。
いろんな具《ぐ》は、たくさんの話題《わだい》をあらわしているよ。
取《と》り分《わ》けるときの、とろ～りのびるチーズは、
気持《きも》ちのつながりもあらわしているんだ。

4 カレーライス → たよれるお兄《にい》ちゃん or お姉《ねえ》ちゃん的存在《てきそんざい》

辛味《からみ》のあるカレーはちょっぴり大人《おとな》な年上《としうえ》の人《ひと》をあらわしているよ。
たよれるお兄《にい》ちゃん or お姉《ねえ》ちゃん的《てき》な存在《そんざい》の相手《あいて》に、
あなたは甘《あま》えたいのかも。

5 オムライス → かわいい弟《おとうと》 or 妹的存在《いもうとてきそんざい》

ケチャップライスにふんわり卵《たまご》がのっかっているオムライス。
ケチャップライスは相手《あいて》をあらわしていて、
ケチャップライスをやさしく包《つつ》みこんでいる卵《たまご》は
あなたをあらわしているんだよ。

第《だい》2章《しょう》

胸《むね》がドキドキ！
好《す》きな人《ひと》ができた

好《す》きな人《ひと》ができたかも！

のりこ〜
ガチャ
のりこ、晩《ばん》ごはん……
ボ〜ッ
何《なに》ボーッとしてるんだよ!
あーごめんお兄《にい》ちゃん
食欲《しょくよく》ないからいらない
心臓《しんぞう》の調子《ちょうし》がヘンでずっとドキドキしてるし
おまえまさかそれって……
恋《こい》かもね!?
ニコッ

もっとなかよくなるには、どうしたらいいの？

アドバイス

話《はな》しかけてみよう！ 相手《あいて》を思《おも》いやって行動《こうどう》してみよう！

話《はな》しかけるのは勇気《ゆうき》がいるよね。
でも、恋愛《れんあい》もふつうの人間関係《にんげんかんけい》と同《おな》じで、
話《はな》しかけることができたらなかよくなれる
はずだよ。

好《す》きな人《ひと》の興味《きょうみ》があることに、きみも興味《きょうみ》をもってみよう

話《はなし》がもりあがるかもしれないし、きみ自身《じしん》もハマっちゃうかも！？

歴史《れきし》が好《す》き

電車《でんしゃ》が好《す》き

スポーツが好《す》き

本《ほん》が好《す》き

などなど……

好《す》きな人《ひと》がこまっていたら、声《こえ》をかけて助《たす》けてあげよう

人《ひと》にされたらうれしいことは、恋愛《れんあい》でも変《か》わらないよ。
相手《あいて》をだいじに思《おも》う気持《きも》ち、思《おも》いやる気持《きも》ちが基本《きほん》！

こんなきっかけで好《す》きになっちゃった！

ゆうな

かげで努力《どりょく》しているのを見《み》てドキッとした

かいくんは、サッカーが上手《じょうず》で学年《がくねん》でも有名《ゆうめい》。このあいだ、「次《つぎ》の土曜日《どようび》は練習試合《れんしゅうじあい》だ！」って男子《だんし》たちと話《はな》してて、「楽勝《らくしょう》でしょ」って言《い》ってた。かいくんらしいなって思《おも》ってきいてたの。

その日《ひ》の夕方《ゆうがた》にグラウンドの前《まえ》を通《とお》ったら、かいくんがひとりで練習《れんしゅう》してて。かいくんは教室《きょうしつ》では自信満々《じしんまんまん》な言《い》い方《かた》をしてたけど、かげではひとりで努力《どりょく》してるんだなーって思《おも》ったら、胸《むね》がいっぱいになっちゃって……。それから、かいくんに片想《かたおも》い中《ちゅう》。いつか試合《しあい》のおうえんに行《い》ってみたいな。

すみれ

泣《な》いていたときになぐさめてくれた

わたし、今年《ことし》の合唱《がっしょう》コンクールで、ピアノ伴奏者《ばんそうしゃ》に選《えら》ばれたの。ふつうは、わたしよりずっと上手《じょうず》な人《ひと》が選《えら》ばれるんだけど、今年《ことし》のクラスにはピアノをひける人《ひと》がわたし以外《いがい》いなくて。いつかやってみたかったから、とってもうれしかった！

それでたくさん練習《れんしゅう》したよ。なのに、本番前日《ほんばんぜんじつ》の予行演習《よこうえんしゅう》のときに、緊張《きんちょう》しすぎてまちがえて、演奏《えんそう》が止《と》まっちゃった。

落《お》ちこみすぎて、練習《れんしゅう》が終《お》わっても動《うご》けずに泣《な》いてたの。そしたら、指揮者《しきしゃ》のゆうすけくんが「明日《あした》は絶対大丈夫《ぜったいだいじょうぶ》！」って声《こえ》をかけてくれたんだ。

それで緊張《きんちょう》が解《と》けて本番《ほんばん》はうまくいった。ゆうすけくんのことが好《す》きになって、もっとなかよくなりたいって思《おも》っているんだ。

そら

だれにも言《い》ってない自分《じぶん》の目標《もくひょう》に気《き》づいてくれてた

　好《す》きな人《ひと》とか恋愛《れんあい》とか、ぜんぜん興味《きょうみ》がなかったんだけど、運動会《うんどうかい》がきっかけで気《き》になる人《ひと》ができた。オレ、足《あし》が速《はや》くて、運動会《うんどうかい》ではいつもリレーの選手《せんしゅ》に選《えら》ばれるんだ。それで、3年生《ねんせい》のときからずっと最初《さいしょ》の走者《そうしゃ》をやってて、かならず1位《い》で次《つぎ》の人《ひと》にバトンをわたすっていうのが、オレの目標《もくひょう》になってた。

　これはだれにも言《い》ったことがなかったんだけど、ずっとクラスがいっしょで、くされ縁《えん》のひなこが、それに気《き》づいてくれてたみたいで。

「今年《ことし》も1位《い》でバトンをわたせるようにおうえんしてるから」って言《い》われて、気《き》になりだしてしまった。オレのことずっと見《み》てくれてたのかなって。

　これが恋《こい》なのかなぁ。ちょっとはずかしいけど。

みんな、いろんなきっかけで
恋《こい》がはじまったのね。
恋《こい》のはじまりは人《ひと》それぞれ。
明日《あした》、あなたはだれかに恋《こい》をするかも!

もっと魅力的《みりょくてき》な自分《じぶん》になりたい

自分《じぶん》みがき、まちがった方向《ほうこう》にいってない？

自分《じぶん》みがきのポイントは、外見《がいけん》よりも中身《なかみ》を充実《じゅうじつ》させること

内面《ないめん》をみがくと自分《じぶん》に自信《じしん》がついて、それが外見《がいけん》にあらわれるものだよ。外見《がいけん》をみがくこともけっして悪《わる》いことじゃない。髪型《かみがた》や洋服《ようふく》のオシャレに気《き》をつかってみるのも楽《たの》しいね。
でも、外見《がいけん》みがきだけに熱心《ねっしん》になるのは要注意《ようちゅうい》。
内面《ないめん》を充実《じゅうじつ》させずに外見《がいけん》だけをみがいたら、中身《なかみ》のうすい人《ひと》になっちゃうよ。

こんな自分《じぶん》みがきはすてき！

○ OK!

- 新《あたら》しいことにチャレンジする
- 勉強《べんきょう》やスポーツをがんばって自信《じしん》をつける
- 髪型《かみがた》をかわいくしてみる
- 洋服《ようふく》のオシャレを楽《たの》しむ

こんな自分《じぶん》みがきは、やりすぎかも

× NG!

- 無理《むり》なダイエットをする
- ピアスの穴《あな》をあける
- 髪《かみ》をそめる
- 化粧《けしょう》をする

背《せ》のびしすぎなオシャレは正直滑稽《しょうじきこっけい》よ。
内面《ないめん》をみがいて、いい男《おとこ》・いい女《おんな》を目指《めざ》しましょ！

どんな自分《じぶん》みがきをしたことがある？

参加《さんか》メンバー

やまと
やさしくなろうと努力中《どりょくちゅう》

みのり
ダイエットをしてみた！

かのん
好《す》きな人《ひと》が興味《きょうみ》をもっていることを調《しら》べてみた！

みのり さっそくだけど、わたしは自分《じぶん》みがきで失敗《しっぱい》したことがあるんだ。

かのん ええ！　どういうこと？

みのり 見《み》た目《め》がかわいくなりたくて、まずはダイエットをしてみたのね。ぽっちゃりしているのがコンプレックスだったし……。晩《ばん》ごはんをぬいて、給食《きゅうしょく》もお米《こめ》やパンは食《た》べないようにしてたの。

やまと わぁ、オレだったら絶対《ぜったい》にたえられない。

みのり　そうしたら、体重《たいじゅう》は落《お》ちてきたんだけど、だんだん元気《げんき》がなくなってきちゃって。いとこのお姉《ねえ》ちゃんから「小学生《しょうがくせい》の肌《はだ》はプリプリもちもちだね～」ってよくほめられてた肌《はだ》も、カサカサになってきちゃって。

かのん　ダイエットをしたい気持《きも》ちはわかるけど、そんなふうになっちゃうとは……。

みのり　それでもう、ダイエットをするのはやめることにしたの。

やまと　うん、それがいいと思《おも》う。しかし、女子《じょし》は大変《たいへん》だなぁ。

かのん　わたしは好《す》きな人《ひと》ができたとき、自分《じぶん》みがきっていうか、好《す》きな人《ひと》の興味《きょうみ》があることを調《しら》べてみたの。

みのり　えー、何《なに》なに？

かのん　昆虫《こんちゅう》について（笑《わらい》）。

みのり　昆虫《こんちゅう》!?　かのんちゃん、虫《むし》へいきなんだ。

かのん　いや、理科《りか》の教科書《きょうかしょ》の写真《しゃしん》を見《み》るのも無理《むり》なレベルだったんだけど、好《す》きな人《ひと》が虫《むし》について熱《あつ》く語《かた》ってて、ちょっとおもしろそうだなーっと思《おも》って興味《きょうみ》をもってね。

やまと　それでどうしたの？

かのん　図書館《としょかん》で図鑑《ずかん》を借《か》りて見《み》てみたんだ。イモムシとかは怖《こわ》いから、手《て》始《はじ》めにクワガタの本《ほん》を。そしたら、超大《ちょうおお》きいクワガタとか世界中《せかいじゅう》のめずらしい種類《しゅるい》を知《し》って、すごいなーってもっと興味《きょうみ》がわいた。

みのり　そこでハマれるのがすごいよ！

かのん　ギラファノコギリクワガタとか、名前《なまえ》がありえないでしょ。ギラファって何《なに》!?　みたいな。

みのり　そうきくと、ちょっとおもしろそう。

やまと　それでどうなったの？

かのん　わたしの好《す》きな人《ひと》は虫全般《むしぜんぱん》が好《す》きなんだけど、とりあえずクワガタの話《はなし》では、めっちゃもりあがるようになったよ。

みのり　だろうね！

かのん　恋心《こいごころ》をわすれて、虫《むし》の話《はなし》でもりあがっちゃうこともあるぐらい（笑《わらい》）。やまとくんは、何《なに》かしてることある？

やまと　オレは自分《じぶん》みがきっていうか、好《す》きな人《ひと》にやさしくしようと努力中《どりょくちゅう》っていう感《かん》じかなぁ。

かのん　どういうこと？

やまと　やさしくしようとしているのに、なぜかいじわるしちゃうんだよ！

みのり　男子《だんし》ってそうかもね。何《なに》を話《はな》しかけたらいいのかわからないから、いじわるを言《い》っちゃうのかな？

やまと　それだ……！

みのり　え？

やまと それが原因《げんいん》だ!!　みのりちゃん、ありがとう。

かのん てことは、話《はな》すネタがあればいいってことよね。わたしみたいに、好《す》きな人《ひと》の好《す》きなことを話《はな》してみたら？

やまと お菓子《かし》づくりが趣味《しゅみ》らしいんだよね。

みのり やまとくんも、お菓子《かし》づくりをしてみるとか？

やまと オレが!?　うーん……でも、ちょっとやってみようかな。

かのん がんばって！　けっこうハマっちゃうかもよ！

みんな、いろいろ努力《どりょく》をしているのね。
失敗《しっぱい》や成功《せいこう》を経験《けいけん》しながら、
どんどんすてきな自分《じぶん》になっていくものよ。

あなたも
あてはまる！？

恋《れん》愛《あい》あるあるカルタ

て
れちゃって
「好《す》きじゃねーし」
と言《い》っちゃった

3
番目《ばんめ》
ぐらいまでいる
好《す》きな人《ひと》

放《ほう》
課《か》後《ご》に
好《す》きな子《こ》の席《せき》
座《すわ》ってみる

好《す》きな人《ひと》が
いるクラスによく
出《で》入《い》りする

好《す》きな子《こ》は
ねらわないぞ
ドッジボール

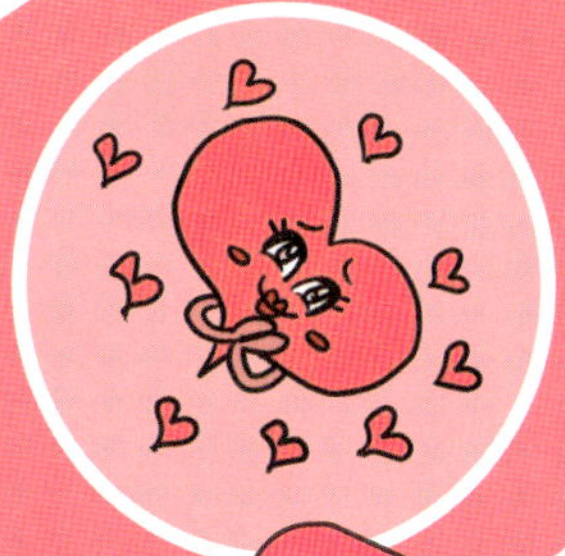

やっちゃうよ
ありとあらゆる
おまじない

好《す》きな人《ひと》にどう思《おも》われてる?

考《かんが》えても相手《あいて》の気持《きも》ちはわからない

考《かんが》えてもしょうがないこと

人《ひと》の心《こころ》は想像《そうぞう》しても、わからないよ。

だから「わたしのこと、どう思《おも》ってるのかな」って考《かんが》えてもしょうがないんだ。知《し》りたければ、告白《こくはく》して相手《あいて》の気持《きも》ちを確認《かくにん》するしかない。

好《す》き？好《す》きじゃない？って
なやむのも恋愛《れんあい》の醍醐味《だいごみ》だから
楽《たの》しんだらいいのよ♡

素直《すなお》に行動《こうどう》してみよう

なやんでないで「自分《じぶん》はどうしたいのか？」を中心《ちゅうしん》に行動《こうどう》してみよう。
話《はな》したければ、話《はな》しかける。いっしょに遊《あそ》びたければ、遊《あそ》ぶ。
素直《すなお》な行動《こうどう》って、不思議《ふしぎ》と説得力《せっとくりょく》があるんだ。

話《はな》しかける

誘《さそ》ってみる

たのんでみる

ただし、相手《あいて》を思《おも》いやることをわすれないで。
相手《あいて》を自分《じぶん》におきかえてみて、
されていやだなと思《おも》うことはしないことよ

体《からだ》が成長《せいちょう》する時期《じき》に、ダイエットはNG!

きみはダイエットをしたいと思《おも》ったこと、あるかな？

　芸能人《げいのうじん》やモデルの体型《たいけい》と、自分《じぶん》をくらべて、「太《ふと》っててイヤだなー」って思《おも》ったこと、あるかもしれないね。

　気持《きも》ちはわかる……。でも、そんなこと思《おも》わなくていいんだよ。健康的《けんこうてき》なほうが魅《み》力的《りょくてき》に見《み》えるもの。自分《じぶん》がもっている若《わか》くて力強《ちからづよ》い美《うつく》しさに、きみ自身《じしん》が気《き》がついていないだけじゃないかな。

　小中学生《しょうちゅうがくせい》の今《いま》は、体《からだ》がつくられていっている真《ま》っ最中《さいちゅう》！　これからどんどん成長《せいちょう》していくんだ。

　そういう時期《じき》にダイエットをすると、体《からだ》が育《そだ》たなくなる。将来《しょうらい》のきみの体《からだ》に影響《えいきょう》がでてしまうこともあるんだ。

　それでも「どうしてもダイエットがしたい！」という人《ひと》は、保護者《ほごしゃ》や保健《ほけん》の先生《せんせい》と相談《そうだん》してみて。しっかりと食事《しょくじ》をしたうえで運動《うんどう》をするなど、アドバイスがもらえるはず。

　友達《ともだち》や身近《みぢか》な大人《おとな》と、自分《じぶん》の体《からだ》について話《はな》してみるのもいいかも。どんな体《からだ》が健康《けんこう》的《てき》なんだろう？　成長期《せいちょうき》と体重《たいじゅう》の関係《かんけい》はどうなっているのかな？ってね。

　こうやって考《かんが》えていけば、ダイエットをする必要《ひつよう》がないことに気《き》づけるはず。ダイエットをする前《まえ》に一度《いちど》、考《かんが》えてみて！

第《だい》3章《しょう》

恋《こい》のおなやみ！かけこみ寺《でら》

みんな恋《こい》をして、なやんでいるみたい

つきあってるの〜？
ニヤニヤ
つきあってるとかじゃねーし！
ふーん……
ウフ
お兄《にい》ちゃんも恋《こい》してるんだね
なやんでるのはオレだけじゃねーし！
次《つぎ》のページからは、みんなのなやみを見《み》ていこうぜ！

好《す》きな人《ひと》の名前《なまえ》を言《い》いふらされちゃった

恋《こい》のウワサは広《ひろ》まるものだと思《おも》っておこう

恋《こい》の話《はなし》「恋《こい》バナ」はみんな大好《だいす》き……！

ウワサが広《ひろ》まることはしかたがないと思《おも》ったほうがいいかも。
口《くち》をすべらせちゃった友達《ともだち》には「言《い》わないでって言《い》ったのに……」って苦情《くじょう》を言《い》ってもいいけどね！

恋《こい》をしたら友達《ともだち》に話《はな》したくなるわよね。これも恋《こい》の醍醐味《だいごみ》だから楽《たの》しんじゃって！

好《す》きな人《ひと》の耳《みみ》にも入《はい》っちゃったかも……

とつぜん自分《じぶん》のことを好《す》きだってきいたら、だれだってびっくりするよね。
もし相手《あいて》が冷《つめ》たい態度《たいど》をとっても、とまどっているだけかもしれないよ。
だから、落《お》ちこむにはまだ早《はや》い！

好《す》きな相手《あいて》に気持《きも》ちが伝《つた》わってしまったとき、照《て》れて「好《す》きじゃないよ」なんて言《い》わないほうがいいわよ。本当《ほんとう》の気持《きも》ちだったら胸《むね》をはっていてほしいな。

気《き》になる子《こ》にいじわるをしてしまう

アドバイス

照《て》れる気持《きも》ちをぐっとおさえて、楽《たの》しい会話《かいわ》にトライ！

きみは今《いま》、自分《じぶん》の気持《きも》ちにとまどって混乱《こんらん》しているのかも。
本当《ほんとう》はなかよくなりたい……なのに、相手《あいて》からにげたくなったり、とにかく注目《ちゅうもく》されたかったりして、ついイヤなことを言《い》ってしまうんじゃないかな。

なかよくなりたい！

はずかしい、にげたい

ヒャ
??

注目《ちゅうもく》されたい～

見て見てー!!

気持《きも》ちが複雑《ふくざつ》に
からみあってるけど、
これが恋《こい》よ！

まずは、あいさつやかんたんな質問《しつもん》から！

おはよう
朝《あさ》ごはん、何《なに》食《た》べた？
今日《きょう》の給食《きゅうしょく》、プリン出《で》るって、知《し》ってるか？
えーっと…
あの宿題《しゅくだい》やったか？
塾《じゅく》、行《い》くことにしたんだって？
今日《きょう》寒《さむ》くない？
じゃーな！

相手《あいて》の性格《せいかく》を知《し》ったり、自分《じぶん》と同《おな》じところを見《み》つけたりすると、さらに会話《かいわ》が広《ひろ》がるわ。
まずは、あせらないことがポイントよ。

先生《せんせい》のことが好《す》きになっちゃった

アドバイス

想《おも》いは叶《かな》わないかも……
でも、恋《こい》を楽《たの》しむことはできる

恋《こい》はジェットコースター！ ハラハラ！を楽《たの》しもう

恋《こい》をすると、気持《きも》ちがジェットコースターみたいになるよね。
ハラハラして落《お》ち着《つ》かないけど、これぞ恋《こい》！

ふつうの生徒《せいと》としか思《おも》われてないよね
でもちょっとだけ特別《とくべつ》なのかな

恋《こい》する気持《きも》ちがあると、毎日《まいにち》楽《たの》しいのよね

この恋《こい》のために勉強《べんきょう》もがんばれるかも

勉強《べんきょう》、運動《うんどう》など、先生《せんせい》にほめられたくてがんばるのもアリ。
自分《じぶん》のためにもなるから一石二鳥《いっせきにちょう》！

やるぞー

今《いま》、きみは恋《こい》のエネルギーでいっぱい！
これをかたちにして外《そと》へ出《だ》してみよう

日記《にっき》を書《か》いて今《いま》の気持《きも》ちを記録《きろく》しておくのも◎。
恋愛小説《れんあいしょうせつ》を書《か》いてみたら、力作《りきさく》ができるかも！？

そうそう そうなのよー！
放課後
うるうる

先生《せんせい》との恋《こい》がテーマのマンガや小説《しょうせつ》を読《よ》んでみる

同《おな》じ気持《きも》ちの人《ひと》は、自分《じぶん》だけじゃないって思《おも》えるよ。

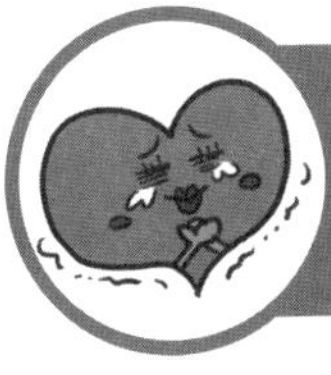

**切《せつ》ない、苦《くる》しい、楽《たの》しい……
そんな気持《きも》ちを経験《けいけん》するのは、心《こころ》が豊《ゆた》かになるということ。
この恋《こい》で、もっともっと魅力的《みりょくてき》なあなたになれるわ！**

第3章

好《す》きな人《ひと》に気《き》持《も》ちがバレちゃった

自分《じぶん》があわてる前《まえ》に、相手《あいて》の気持《きも》ちを考《かんが》えてみよう

相手《あいて》には「ふつうな態度《たいど》」で接《せっ》するべし

きみも混乱《こんらん》しているけど、相手《あいて》はもっと混乱《こんらん》しているはず。
急《きゅう》に好《す》きって言《い》われたら、だれでもびっくりするよね。相手《あいて》を思《おも》いやって「ふつうな態度《たいど》」で接《せっ》するのがかっこいい!

思《おも》いきって、友達《ともだち》に気持《きも》ちを打《う》ち明《あ》けてみるのも手《て》

素直《すなお》な気持《きも》ちを打《う》ち明《あ》けたら、友達《ともだち》はきっと心強《こころづよ》い味方《みかた》になってくれるはず。
友情《ゆうじょう》を深《ふか》めるチャンスでもあるよ!
恋《こい》の話《はなし》でもりあがっちゃえ!

今《いま》の状態《じょうたい》は、30%《パーセント》ぐらい告白《こくはく》したようなもの。モヤモヤする関係《かんけい》にがまんできなくなったら、はっきり告白《こくはく》しちゃうのもアリよ!

第3章

親友《しんゆう》と好《す》きな人《ひと》がかぶっちゃった

自分《じぶん》の気持《きも》ちを整理《せいり》して、だれかに話《はなし》をきいてもらおう

まずは自分《じぶん》の気持《きも》ちを見《み》つめてみて

親友《しんゆう》と
これまでのように
なかよくいたい

親友《しんゆう》のことが
キライになりそう

好《す》きな気持《きも》ちは
消《け》せない

ふたりがどんどん
接近《せっきん》していて不安《ふあん》

先《さき》に「好《す》き」って打《う》ち明《あ》けられたら、
あとから「わたしも」って言《い》いづらいよね

だれかに気持《きも》ちをきいてもらうと楽《らく》になるよ

話《はな》すなら、友達《ともだち》や好《す》きな人《ひと》がいる世界《せかい》とは離《はな》れた人《ひと》がおすすめ。たとえば、家族《かぞく》や習《なら》い事《ごと》の先生《せんせい》。ほかの人《ひと》から見《み》た意見《いけん》がきけるし、話《はなし》がもれる心配《しんぱい》もないよね。

親友《しんゆう》に打《う》ち明《あ》けるなら、友情《ゆうじょう》がこわれる覚悟《かくご》も必要《ひつよう》

親友《しんゆう》がどんな反応《はんのう》をするかはわからない。素直《すなお》に真剣《しんけん》に伝《つた》えて、「あなたとの友情《ゆうじょう》も大切《たいせつ》にしたい」気持《きも》ちを強調《きょうちょう》したら、友達関係《ともだちかんけい》を続《つづ》けられるかもしれないね。

「うらみっこなしでライバルね」って、
特別《とくべつ》な関係《かんけい》になれることもあるわ

好《す》きな人《ひと》に恋愛対象《れんあいたいしょう》だと思《おも》われていない

その恋《こい》、順調《じゅんちょう》です！

友情《ゆうじょう》と恋愛《れんあい》を分《わ》けて考《かんが》えなくても大丈夫《だいじょうぶ》

距離《きょり》をちぢめてなかよくなることは、友情《ゆうじょう》でも恋愛《れんあい》でも同《おな》じ。みんなと遊《あそ》んで、たまにはふたりでおしゃべりをして、どんどんなかよくなっていこう！

いつ告白《こくはく》をしたらいいの？

たとえば…

気持《きも》ちが高《たか》まったとき

告白《こくはく》したい！と思《おも》ったときや、これ以上《いじょう》距離《きょり》がちぢまらないと感《かん》じたとき。

たとえば…

環境《かんきょう》が変《か》わるとき

卒業《そつぎょう》や転校《てんこう》などで、ふたりの距離《きょり》が変《か》わるときも、告白《こくはく》のタイミング。
今《いま》のような関係《かんけい》を続《つづ》けられなくなるようなら、思《おも》いきって打《う》ち明《あ》けてみるのも◎。

あせらなくてもいいの。
友情《ゆうじょう》の先《さき》にも恋愛《れんあい》はあるのよ

男女《だんじょ》の友情《ゆうじょう》ってなりたつと思《おも》う？

参加《さんか》メンバー

ゆい

なりたつ派《は》

あやの

なりたたない派《は》

たくま

なりたたない派《は》から、なりたつ派《は》になった

ゆい わたしは男友達《おとこともだち》が多《おお》いほうなんだけど、ふたりはどう？

あやの 男友達《おとこともだち》がいなくはないけど、なかよくしてるとまわりから何《なに》か言《い》われたりするよね。だから、女友達《おんなともだち》と同《おな》じくらいなかよくなることはないかな。

たくま オレは、幼稚園《ようちえん》からいっしょでなかがいい女《じょ》子《し》がひとりいるよ。

あやの まわりから、からかわれたりしない？

たくま なくはないけど……。じつはオレ、その子《こ》のことが好《す》きで、告白《こくはく》したことがあるんだよね。

あやの えっ！ やっぱり、男《だん》女《じょ》の友情《ゆうじょう》ってなりたたないじゃない！

たくま うん、オレも前《まえ》はそう思《おも》ってた。

ゆい それでどうなったの!?

たくま ふられた。

あやの 気《き》まずっ!

たくま そうなんだけど、さっき言《い》ったみたいに、その子《こ》と今《いま》も友達《ともだち》なんだよ。またなかよくなれたから、男女《だんじょ》の友情《ゆうじょう》はなりたつなぁって思《おも》うようになった。

ゆい 気《き》まずくなかったの?

たくま そりゃ、ふられた直後《ちょくご》は気《き》まずかったよ〜!! だけど、あいさつからはじめて、少《すこ》しずつもとにもどってきた感《かん》じかな。むこうもいいやつだからさ。話《はな》しててこういう話《はな》しやすいところが好《す》きなんだよな〜」とか思《おも》って切《せつ》なくなったりした(笑《わらい》)。

あやの 大人《おとな》なふたりだったんだね。

ゆい わたしは友達《ともだち》のことを好《す》きになったことはないし、そういう対象《たいしょう》として見《み》られないけど、男友達《おとこともだち》に好《す》きな人《ひと》の相談《そうだん》とかしてるよ。

あやの それ、いいね。

ゆい うん。男子《だんし》について勉《べん》強中《きょうちゅう》って感《かん》じかな。

たくま 女子《じょし》から恋愛相談《れんあいそうだん》をされるのってうれしいかも。「男心《おとこごころ》はまかせとけ!」って感《かん》じ。

あやの でもさ〜、そうやってなかよくなって、好《す》きになっていったりしない?

ゆい
うーん、わたしはないけど。

あやの
わたしの友達《ともだち》の話《はなし》だけど、恋愛相談《れんあいそうだん》をし合《あ》ってたはずなのに、いつのまにか片方《かたほう》が好《す》きになっちゃったってことがあったよ。

たくま
友達《ともだち》なのに好《す》きになっちゃうことってあるよね。

あやの
それって、男女《だんじょ》の友情《ゆうじょう》は、なりたたないってことじゃない。

ぜんぜんオレのアピールに気づいてくれないんだよ〜
そっかー
もじもじ
あなたもね!

ゆい
たしかに……。わたしの友達《ともだち》でもそういう人《ひと》いた。でも、好《す》きになる前《まえ》は、友情《ゆうじょう》だよね。

あやの
そっか〜。わたしには、「絶対《ぜったい》この人《ひと》は恋愛《れんあい》対象《たいしょう》にならない!」っていう男友達《おとこともだち》いるな。

たくま
ひどい(笑《わらい》)。でもわかる気《き》がする。

ゆい
男女《だんじょ》の友情《ゆうじょう》はなりたつけど、そこから恋愛《れんあい》になってしまうことはある!ってことかなぁ。

あやの
え〜! なんかなっとくいかない。友達《ともだち》にはなれるけど、親友《しんゆう》にはなれないって感《かん》じ?

たくま
でもオレ、元好《もとす》きな人《ひと》と親友《しんゆう》かも。

あやの
そうなんだ〜。

ゆい
わたしも、今《いま》は男女半々《だんじょはんはん》のなかよしグループにいるから、なかがいい男子《だんし》とは親友《しんゆう》に近《ちか》い感《かん》じかも。

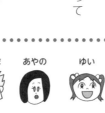

うーん、難《むずか》しい！

男女《だんじょ》の友情《ゆうじょう》がなりたつかどうかは、永遠《えいえん》にとけないナゾかもね。

友情《ゆうじょう》と恋愛《れんあい》の気持《きも》ちのいきちがいって、よくあることだよね。それでも、なかよくなるってとってもすてきなこと。「男女《だんじょ》の友情《ゆうじょう》ってなりたつの？」って考《かんが》えを深《ふか》めるのもじつは大切《たいせつ》！いろんな友達《ともだち》と話《はな》してみてね。

好《す》きな人《ひと》とぜんぜん話《はな》せない

まずは情報収集《じょうほうしゅうしゅう》をしてみよう

きみが話《はな》せない理由《りゆう》は、このふたつのはず

1. 話《はな》しかけ方《かた》がわからない
2. きらわれたり、ヘンに思《おも》われたり、失敗《しっぱい》するのが怖《こわ》い

このハードルをのりこえるために……

相手《あいて》のことをよく知《し》ろう。探偵《たんてい》みたいに情報収集《じょうほうしゅうしゅう》！

直接相手《ちょくせつあいて》に質問《しつもん》してみてもいいし、相手《あいて》の友達《ともだち》にきいてもよし。

「わたしも！」「これ、ききたい！」と思《おも》うことが見《み》つかったら、その話《はなし》をしてみよう。

話《はな》したいと思《おも》えることなら、自然《しぜん》に話《はな》せるはずだよ！


どこに住《す》んでるの？

習《なら》い事《こと》は何《なに》してる？

好《す》きなお菓子《かし》は？

好《す》きな給食《きゅうしょく》は？

とくいな科目《かもく》は？

なかがいい先生《せんせい》は？

きょうだいはいる？

などなど

探偵大作戦《たんていだいさくせん》のほかに、あいさつや、「次《つぎ》の授業《じゅぎょう》なんだっけ？」など、何気《なにげ》ないことも話《はな》しやすいわ。やってみてね！

好《す》きな人《ひと》となかよくなったきっかけって？

もえか

臨海学校《りんかいがっこう》で班《はん》がいっしょになった

わたしは好《す》きな人《ひと》とぜんぜん話《はな》せなくて、見《み》てるだけで幸《しあわ》せって感《かん》じだった。そしたら、臨海学校《りんかいがっこう》の班《はん》がいっしょになったの。いつも恋《こい》バナをしてた友《とも》達《だち》が、わたしの好《す》きな人《ひと》となかがいい男子《だんし》に、「同《おな》じ班《はん》になろうよ」ってさそってくれて（笑《わらい》）。ありがとう友達《ともだち》!!

夜《よる》は班《はん》ごとにカレーライスをつくったよ。となりで野菜《やさい》を切《き》ったり、いっしょにごはんを炊《た》いたりしながら、けっこう話《はな》せた。まだ告白《こくはく》する感《かん》じではないけど、前《まえ》より距離《きょり》がちぢまったかも。

こころ

彼《かれ》の趣味《しゅみ》にハマってみた

わたしはまず、彼《かれ》と友達《ともだち》の話《はなし》をこっそりきくところからはじめたよ（笑《わらい》）。名《な》づけて、探偵大作戦《たんていだいさくせん》。

それで、彼《かれ》の趣味《しゅみ》は釣《つ》りっていうことがわかったの。わたしのお父《とう》さんもよく釣《つ》りに行《い》っていて、「今度《こんど》いっしょにやろう」って言《い》われてたからラッキー。

お父《とう》さんについて行《い》ってみたら意外《いがい》に楽《たの》しくて！　場所《ばしょ》によって釣《つ》れる魚《さかな》がちがったり、エサや仕掛《しか》けがいろいろあっておもしろいの。

学校《がっこう》で彼《かれ》が釣《つ》りの話《はなし》をしてるときに「わたしもね……」って話《はな》しかけてみたんだ。最初《さいしょ》はびっくりされたけど、話《はなし》がもりあがるようになった。

いつか、いっしょに行《い》ってみたいな～！

れお

ハプニングがきっかけ

6年生《ねんせい》で新《あたら》しいクラスになったときに、となりの席《せき》の女子《じょし》が気《き》になるようになったんだ。

オレ、うるさいほうじゃないし、ぜんぜん話《はな》せなくて、最初《さいしょ》は無口《むくち》で怖《こわ》いヤツだと思《おも》われてたかも。ある日《ひ》、その女子《じょし》が給食《きゅうしょく》のみそ汁《しる》をこぼしちゃったんだ。そのときに、ぞうきんを取《と》ってきてあげて、新《あたら》しいみそ汁《しる》をもらってきてあげたんだけど、「ありがとう」って言《い》われてうれしかった。

それだけだったけど、なんとなくそこから少《すこ》しずつ話《はな》せるようになってきたんだ。いいヤツって思《おも》ってくれるようになったのかな。

好《す》きな人《ひと》となかよくなるきっかけをつくるには、
あなたの勇気《ゆうき》が必要《ひつよう》だけど、友達《ともだち》の助《たす》けや運《うん》・タイミングも大切《たいせつ》ね。
いつもアンテナをはっておいて、チャンスをものにできるようにしましょ!

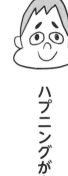

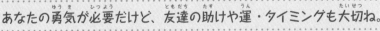

告《こく》白《はく》ってどうしたらいいの？

「好《す》き」って言《い》うことだけが、告白《こくはく》じゃない

「小《ちい》さな告白《こくはく》」からはじめよう

片想《かたおも》いをしていると、気持《きも》ちが満《まん》タンになって「告白《こくはく》するしかない！」と思《おも》う瞬間《しゅんかん》がくるもの。だけど、気持《きも》ちが満《まん》タンになっていることを、相手《あいて》は知《し》らない。告白《こくはく》をしても「なんで？」って、とつぜんに感《かん》じてびっくりされてしまうかも。

だから…

相手《あいて》の「なんで？」をへらそう。自分《じぶん》の気持《きも》ちを行動《こうどう》であらわしてみて。それが、「小《ちい》さな告白《こくはく》」を積《つ》み重《かさ》ねていくということ！

告白《こくはく》は、直接《ちょくせつ》言《い》うのがおすすめ

「小《ちい》さな告白《こくはく》」を積《つ》み重《かさ》ねていったら、ふたりきりの時間《じかん》も自然《しぜん》とふえていくはず。そこで「好《す》きだ」と打《う》ち明《あ》けてみよう。電話《でんわ》、メール、手紙《てがみ》もいいけれど、相手《あいて》がどう受《う》けとったかがすぐにはわからない。わからないと、きみが不安《ふあん》になっちゃうよね。だから、おすすめはしないよ。

告白《こくはく》するときは、「考《かんが》えてからでいいから、返事《へんじ》がほしい」「どんな気持《きも》ちか、教《おし》えてほしい」という言葉《ことば》をそえてみて。

相手《あいて》に考《かんが》える時間《じかん》をあげるのが、スマートな告白《こくはく》よ！

好《す》きな人《ひと》にアピールしてたらきらわれちゃった

すごいと思《おも》われる＝相手《あいて》に好《す》かれる、ではないよ

61ページも
参考《さんこう》にしてみてね！

相手《あいて》のことを知《し》って、質問《しつもん》をしてみよう

今《いま》やっていることは…

一方通行《いっぽうつうこう》

「なかよくなる」
というのはこういうこと

キャッチボール

相手《あいて》に「この人《ひと》と話《はな》してみたい」と思《おも》われたいのなら……

こんな会話《かいわ》をしてみたらどうかな

じまんをするよりも、相手《あいて》がこまっているときに手《て》をさしのべてあげるほうが「すごい！」と思《おも》ってもらえるわ！

好《す》きな人《ひと》がふたりいる

片想《かたおも》いであるうちは、どちらかに決《き》める必要《ひつよう》なし

今《いま》って、超楽《ちょうたの》しい状況《じょうきょう》！

好《す》きな人《ひと》がふたりもいるなんて、最高《さいこう》に楽《たの》しいこと。だから、無理《むり》にどちらかに決《き》める必要《ひつよう》はないよ。

ふたりの「キャラではない中身《なかみ》の部分《ぶぶん》」を知《し》っていこう

今《いま》は好《す》きな人《ひと》のことを、表面上《ひょうめんじょう》のキャラだけで見《み》てない？　それぞれとなかよくなっていくと、もっとよく知《し》ることができて、意外《いがい》な面《めん》が見えてくる。そうすると、あなたの気持《きも》ちも変《か》わってくるかもしれない。

自分《じぶん》のことも知《し》ってもらおう

自分《じぶん》をアピールするという意味《いみ》じゃないよ。自分《じぶん》が興味《きょうみ》のあることなど、ふつうの会話《かいわ》をしてみて。おたがいのことを知《し》っていくうちに、関係性《かんけいせい》が変《か》わっていくはず。それと同時《どうじ》に、あなたの気持《きも》ちも変化《へんか》していくかもね。

ふたりのことを深《ふか》く知《し》っていったら、どっちが好《す》きなのか、自分《じぶん》の本当《ほんとう》の気持《きも》ちが見《み》えてくるわ。

ネットで知《し》り合《あ》った人《ひと》と会《あ》ってみたい

今《いま》の関係《かんけい》を楽《たの》しんでみて

会《あ》ってしまったら、今《いま》の関係《かんけい》のままではいられない

顔《かお》が見《み》えない関係《かんけい》だからこそ、リアルな友達《ともだち》には言《い》えないなやみが言《い》えたんだよね。

せっかく今《いま》の関係《かんけい》があるのに、会《あ》ってしまったら、リアルな友達《ともだち》と同《おな》じになってしまうよ。

会《あ》ったら、おたがいガッカリしてしまう可能性《かのうせい》も

顔《かお》、髪型《かみがた》、服装《ふくそう》、声《こえ》、雰囲気《ふんいき》など、直接《ちょくせつ》会《あ》ったときに入《はい》ってくる情報《じょうほう》って、文字《もじ》のやりとりとはくらべものにならないほど多《おお》い。会《あ》ってしまったら想像《そうぞう》と差《さ》があって、とまどいを感《かん》じてしまうかも。

そしてわすれてはいけないのは、相手《あいて》にとってもそれは同《おな》じということ。

今《いま》せっかくなかよしの関係《かんけい》なのに、それが変《か》わっちゃうって、もったいないと思《おも》わない？

ネット上《じょう》には危険《きけん》な人物《じんぶつ》もいるから要注意《ようちゅうい》

年齢《ねんれい》や性別《せいべつ》はいくらでもウソをつける。「小学生《しょうがくせい》」ってきいていても「45 歳《さい》のおじさん」の可能性《かのうせい》も大《おお》いにあるんだ。悪《わる》い人《ひと》はものすごく上手《じょうず》にウソをつくよ。小説家《しょうせつか》も真《ま》っ青《さお》なつくり話《ばなし》を書《か》ける。本当《ほんとう》にうまいんだ。だまされないで！

会《あ》うのはおすすめしないわ。でもどうしても会《あ》うなら必《かなら》ず大人《おとな》といっしょに。何《なに》かあった時《とき》ではおそいわよ！

親友《しんゆう》に彼氏《かれし》ができた。わたしもほしい！

この状況《じょうきょう》は、あなたにとっていいことだらけ

まずは自分《じぶん》の気持《きも》ちを整理《せいり》しよう

親友《しんゆう》をとられた気分《きぶん》

わたしは親友《しんゆう》より魅力《みりょく》がないの？

自分《じぶん》もそうなりたい。でもできない

純粋《じゅんすい》にうらやましい

これまでとはちがうことができるチャンス

親友《しんゆう》と距離《きょり》が生《う》まれたことで、あなたには時間《じかん》ができた。
こんなことをしてみてはどう？

新《あたら》しい友達《ともだち》となかよくなる

習《なら》い事《こと》や趣味《しゅみ》に使《つか》う時間《じかん》をふやす

新《あたら》しい何《なに》かをはじめてみる

親友《しんゆう》カップルを教科書《きょうかしょ》として使《つか》っちゃおう

「恋人《こいびと》ができると、人《ひと》ってこうなるんだ」「カップルってこんなことでケンカするんだ」と、新《あたら》しく知《し》ることも多《おお》いよね。どうせなら身近《みぢか》な教科書《きょうかしょ》として見《み》て、ちゃっかり勉強《べんきょう》しちゃおう。

のろけ話《ばなし》をききたくなければ、さらっと流《なが》して。「ふーん」「よかったね」って短《みじか》めのコメントでOKよ。のろけって、微笑《ほほえ》ましくきける人《ひと》のほうが少《すく》ないものよ。

第3章

あなたの好《す》きな人《ひと》は、どんな人《ひと》？

みお

好《す》きな人《ひと》は声優《せいゆう》さん

現実《げんじつ》に好《す》きな人《ひと》はいないけど……。アニメの声優《せいゆう》のヤマト大地《だいち》さんに夢中《むちゅう》です。ハマってるアニメのイベントに行《い》ったり、インターネットで動画《どうが》を見《み》たりして、キャーッて言《い》ってます！

いつか彼氏《かれし》はほしいかもしれないけど、今《いま》はいいかな。だって、あんなにかっこいいヤマト大地《だいち》さんに勝《か》てる人《ひと》は、絶対《ぜったい》いないもん！

のあ

6年生《ねんせい》の先輩《せんぱい》に一目《ひとめ》ぼれ

校庭《こうてい》で見《み》かけた6年生《ねんせい》の先輩《せんぱい》に一目《ひとめ》ぼれをして、片想《かたおも》い中《ちゅう》です。

話《はな》す機会《きかい》がないから、全校集会《ぜんこうしゅうかい》で見《み》られただけで、その日《ひ》は超《ちょう》ハッピー！

友達《ともだち》に打《う》ち明《あ》けたときは、「たしかに顔《かお》はかっこいいけど」「どこがいいの？」「話《はな》したこともないのに好《す》きになるなんて、わかんない」なんて言《い》われちゃった。

でも、好《す》きなんです!!

あと少《すこ》ししたら、卒業式《そつぎょうしき》の練習《れんしゅう》がはじまる。見《み》られる機会《きかい》はふえるけど、先輩《せんぱい》が卒業《そつぎょう》しちゃうってことだから、さみしいな。

告白《こくはく》は無理《むり》だから……まずは卒業《そつぎょう》までに話《はな》しかけることを目標《もくひょう》にしてます！

となりの席《せき》の子《こ》がひそかに好《す》き

ゆうと

ぼくは、となりの席《せき》のほのかさんが好《す》きなんだけど、はずかしくて、だれにも言《い》ってない。

勉強《べんきょう》を教《おし》えてくれたり、「明日《あした》はお習字《しゅうじ》があるから、わすれないようにね」って声《こえ》をかけてくれたり……。そういうところが好《す》きだと思《おも》う。

ある日《ひ》、ほのかさんのきらいなブロッコリーが給《きゅう》食《しょく》に出《で》たことがあったんだ。それをこっそり食《た》べてあげたら、めちゃめちゃよろこばれた。

最近《さいきん》は、ほのかさんが、べつの男子《だんし》と話《はな》してると、つい気《き》になっちゃう。こんな気持《きも》ち、だれにも言《い》えない!!

好《す》きになる相手《あいて》や、きっかけは、人《ひと》それぞれだよね。
いつのまにか、自分《じぶん》でも気《き》がつかないうちに、
好《す》きになっているもの。その気持《きも》ちをだいじに育《そだ》てていってね。

恋《こい》の心理《しんり》テスト 2

監修・生田目浩美.

Q1. 目《め》をとじて、星《ほし》が浮《う》かぶ夜空《よぞら》を想像《そうぞう》してください。
星《ほし》は、いくつ見《み》えますか？

Q2.

目《め》をとじて、あなたが女《おんな》の子《こ》なら大人《おとな》の女《おんな》の人《ひと》、
男《おとこ》の子《こ》なら大人《おとな》の男《おとこ》の人《ひと》を想像《そうぞう》してください。
その人《ひと》の年齢《ねんれい》は何歳《なんさい》ぐらいですか？

← 答《こた》えは、P78へ！

A1. その数字《すうじ》は、あなたが恋《こい》に落《お》ちる人《ひと》の数《かず》です。

夜空《よぞら》は、あなたが気《き》づいていない心《こころ》の中《なか》をあらわしているよ。

そこにキラキラと美《うつく》しく光《ひか》る星《ほし》は「スター」。

あなたにとっての「スター」＝恋《こい》に落《お》ちる人《ひと》は、何人《なんにん》いるか、あなたの心《こころ》はすでに知《し》っている。キラキラした輝《かがや》きが大《おお》きいほど、運命《うんめい》の人《ひと》となる可能性《かのうせい》が高《たか》いよ。

A2. その年齢《ねんれい》は、あなたが結婚《けっこん》する歳《とし》です。

目《め》をとじたときにイメージした女《おんな》の人《ひと》、男《おとこ》の人《ひと》は、じつは、あなたの一番幸《いちばんしあわ》せな姿《すがた》をあらわしているんだ。だから、想像《そうぞう》した年齢《ねんれい》が、あなたが一番幸《いちばんしあわ》せな結婚《けっこん》をする年齢《ねんれい》となるんだよ。

第《だい》4章《しょう》

告白《こくはく》をした！ そのあとは……

ふられたりゅうくん、両《りょう》想《おも》いになったのりちゃん

どうしたー?
ともきくん、急《きゅう》にごめんね
告白《こくはく》するって決《き》めたわたし
がんばれー
すす、
好《す》きです!
……じつはオレも
ほ、ほんと!?
うれしー! 人生《じんせい》で最高《さいこう》にうれしい!!
やったー!!
ドサ
2人ともありがと
それぞれ逆《ぎゃく》の結果《けっか》になっちゃったみたいね

ふられてしまった…… 友達《ともだち》関係《かんけい》にもどるべき？

もどれる関係《かんけい》があるのは、ステキなこと

恋愛関係《れんあいかんけい》になることを ことわられただけ

「ふられた」というのは、きみ自身《じしん》を否定《ひてい》されたわけではなく、「恋人《こいびと》になりたい」というお願《ねが》いをことわられただけのこと。

友達《ともだち》としてのきみは、否定《ひてい》されているわけではないというのをわすれないで。

友達《ともだち》にもどれるなら、またチャンスはある

ふたりのあいだには、「友達関係《ともだちかんけい》」という土台《どだい》がある。だから、「友達関係《ともだちかんけい》」にもどりながら、何回《なんかい》でも告白《こくはく》してチャレンジができる。

告白《こくはく》は、何回《なんかい》したっていいんだよ。時間《じかん》をかけて、これから恋愛《れんあい》がはじまるかもしれない。

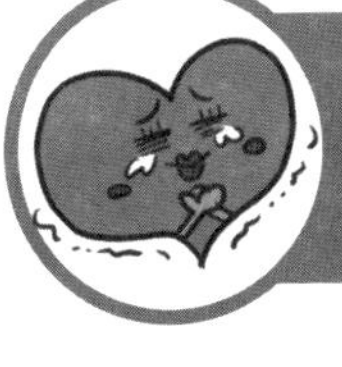

ふられたら、とまどう期間《きかん》があるのはしかたのないこと。しばらくは気《き》まずさにたえることになるけれど、相手《あいて》は元《もと》の関係《かんけい》にもどりたいと思《おも》っているんじゃないかな。

どうやって失恋《しつれん》をのりこえた？

こはる

失恋《しつれん》ソングをきいた

わたしは、失恋《しつれん》ソングをめっちゃたくさんきいて、失恋《しつれん》をのりこえたよ。

片想《かたおも》いのときから、ラブソングをきいて切《せつ》ない気《き》持《も》ちにひたったり、「わかる～！　わたしも～！」と思《おも》ったりしてた。失恋《しつれん》をしたときも、「いつも思《おも》い出《だ》すのはきみのこと」とか「わすれようとしたけどダメみたい」という歌詞《かし》に共感《きょうかん》しながらきいたの……うっ、思《おも》い出《だ》すと今《いま》もなみだが出《で》そう。

悲劇《ひげき》のヒロインになりきって、思《おも》いっきり泣《な》くと、ふしぎと前向《まえむ》きな気持《きも》ちになれるんだよね。

きょうこ

新《あたら》しい恋《こい》をした

つきあってる人《ひと》にふられて失恋《しつれん》したとき、カレとの思《おも》い出《で》がありすぎて、何《なに》をしても思《おも》い出《だ》しちゃってた。友達《ともだち》の彼氏《かれし》の話《はなし》とかきいても、「わたしの元《もと》カレのほうがよかったな」ってくらべたりして。半《はん》年《とし》ぐらいは引《ひ》きずったかなぁ……「カレ以外《いがい》の人《ひと》を好《す》きになるなんて無理《むり》！」って、ずっと思《おも》ってた。

だけどなんと、最近《さいきん》新《あたら》しい恋《こい》をしたの！

相手《あいて》は、部活《ぶかつ》の先輩《せんぱい》。今《いま》はまだ遠《とお》くから見《み》ているだけだけど、とっても大人《おとな》っぽくて、あこがれです。今《いま》は元《もと》カレのことが、ちょっとどうでもよくなっちゃった（笑《わらい》）。

もちろん、今《いま》もだいじな人《ひと》ではあるけど、わすれられるものなんだって、自分《じぶん》でもおどろいたよ！

るきと

スポーツに打《う》ちこんだ

このあいだ、オレの好《す》きな人《ひと》がとなりのクラスのイケメンが好《す》きだってことがわかった。

その日《ひ》の学校《がっこう》の帰《かえ》り道《みち》、親友《しんゆう》のともやに「オレ、失恋《しつれん》した」って、そのことをぽろっと言《い》っちゃったんだ。はずかしいからだれにもナイショにしてたんだけど、ショックでつい……。

そしたら、「わすれるために朝練《あされん》だ！」とか言《い》われて。次《つぎ》の日《ひ》から毎朝早《まいあさはや》く学校《がっこう》に行《い》って、いっしょに走《はし》ったり、サッカーをしたりするようになった。「リフティングが50回《かい》できたら、べつの好《す》きな人《ひと》ができる！」とか「あそこまでダッシュできたら、告《こく》白《はく》される！」とか、じょうだん言《い》いながら（笑《わらい》）。

そうしているうちに、いつのまにかつらくなくなってきたんだ。まだ完全《かんぜん》にわすれられてはいないけどね。

無理《むり》にわすれようとしなくても大丈夫《だいじょうぶ》。人《ひと》には人《ひと》のペースがあるわ。引《ひ》きずりたいだけ引《ひ》きずっていいのよ。そして、その恋《こい》を「どうでもいっか」と思《おも》えるようになるのは、意外《いがい》とすぐ。ふとしたきっかけで、ふっ切《き》れる日《ひ》は、かならずくるものよ！

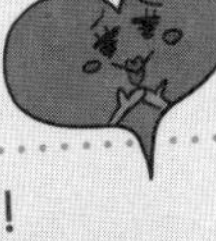

ふられてしまった……すごーく気《き》まずい！

次《つぎ》の日《ひ》のふるまいは、相手《あいて》からの注目度《ちゅうもくど》が一番高《いちばんたか》い！

相手《あいて》だって気《き》まずい

わすれてはいけないのは、相手《あいて》も気《き》まずいということ。
オトナなきみなら、その気《き》まずさを自分《じぶん》からなくしてあげよう！

「おはよう」「じゃあね」からはじめよう

話《はな》しかける勇気《ゆうき》がでたら、あいさつからはじめてみよう。
相手《あいて》は、「ふつうに話《はな》せてよかった」と思《おも》うはず。
ふられる前《まえ》と同《おな》じようにふるまえば、相手《あいて》は「また、いつもどおりにやっていけそう」と感《かん》じられるよ。

NG 行動《こうどう》はこれ！

すねる…

無視《むし》する…

うらむ…

相手《あいて》は、「せっかく平和《へいわ》な毎日《まいにち》だったのに、気《き》まずくなってしまった」とモヤモヤしているかもしれない。だから、いつもどおりのふるまいをするだけで、相手《あいて》をホッとさせることができる。ふられても、けなげにふるまう姿《すがた》は、人《ひと》の心《こころ》を打《う》つよ。

おはようってサラッと言《い》えたら、超《ちょう》かっこいい！ふられた次《つぎ》の日《ひ》こそ、あなたのオトナなところを知《し》ってもらうチャンス。心《こころ》のイケメン＆美女《びじょ》になって！

第4章

「つきあう」って、どういうこと?

つきあうとは、おたがいを認《みと》めあって同《おな》じ気《き》持《も》ちでいること

「つきあう」とは……

おたがいを、ほかの人《ひと》とはちがう特別《とくべつ》な人《ひと》として認《みと》めあうこと。友達《ともだち》でも家族《かぞく》でもない、新《あたら》しいなかよしの形《かたち》。

おたがいが同《おな》じ気《き》持《も》ちでいるから「つきあう」という関係《かんけい》になるだけで、じつはなんの保証《ほしょう》もない。

だけど、そういう気《き》持《も》ちを共有《きょうゆう》しているのは、“尊《とうと》い関係《かんけい》”なんだよ。

「メールや電話《でんわ》をする・いっしょに帰《かえ》る＝つきあう」は少《すこ》しちがう

つきあったらしてみたいことは、人《ひと》によってちがうんだよ。

つきあったら「これをしなきゃいけない！」っていうものはないのよ。相手《あいて》も自分《じぶん》と同《おな》じように思《おも》っているとは限《かぎ》らないわ。ふたりの関係《かんけい》をだいじに育《はぐく》んで。あせりは禁物《きんもつ》よ！

こんなおつきあいをしているよ

あんず

いっしょに帰《かえ》るだけだったけど……

週《しゅう》に1回《かい》だけいっしょに帰《かえ》ってるよ。そのときに、1週間《しゅうかん》のできごとを報告《ほうこく》し合《あ》うのが楽《たの》しみなんだ。友達《ともだち》には話《はな》せない塾《じゅく》のなやみや、読《よ》んだ本《ほん》の話《はなし》とか。カレは友達《ともだち》と遊《あそ》んだ話《はなし》をしてくることが多《おお》いかな。

つきあってるからしてることって、それしかなかったんだけど、なんとこのあいだ、はじめていっしょに出《で》かけたの！　日帰《ひがえ》りキャンプに行《い》って、最高《さいこう》に楽《たの》しかった。わたしのお父《とう》さんもいっしょだったけどね（笑《わらい》）。

あすか

グループデートしてます

ふたりだとはずかしいから、友達《ともだち》カップルといっしょに4人《にん》で遊《あそ》んでるよ。放課後《ほうかご》に教室《きょうしつ》でおしゃべりしたり、公園《こうえん》に行《い》ったり。

彼氏《かれし》のことも友達《ともだち》のことも大好《だいす》きだし、友達《ともだち》の彼《かれ》氏《し》もおもしろいし、最高《さいこう》に楽《たの》しくて幸《しあわ》せな時間《じかん》！　ずーっと4人《にん》で遊《あそ》んでいたいって感《かん》じです。

でも、このあいだ、ちょっとこわい目《め》にあったんだ。4人《にん》でとなりの駅《えき》のショッピングモールに行《い》ったときのこと。知《し》らないお兄《にい》さんに「おまえら、子《こ》どもだけで来《き》てるの？」って話《はな》しかけられて、それだけだったけどすごく怖《こわ》かった……。

それ以来《いらい》、子《こ》どもだけでは遠《とお》いところに行《い》かないようにしてるよ。

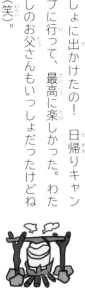

だいき

イベントをエンジョイ中《ちゅう》！

彼女《かのじょ》ができてから、「今《いま》までより楽《たの》しみ！」って思《おも》うようになったのが、行事《ぎょうじ》やイベント。

バレンタインに手《て》づくりチョコをもらったときは「これが本命《ほんめい》チョコか」ってこっそり感激《かんげき》した。はずかしいから、ふつうに「ありがと」って受《う》けとっちゃったけどね。

彼女《かのじょ》の誕生日《たんじょうび》には、オレの家《いえ》で誕生会《たんじょうかい》をやったんだ。はじめて女《おんな》の子《こ》が家《いえ》に来《く》るからって、お母《かあ》さんもはりきっちゃって……。

バレンタインのときに手《て》づくりチョコをもらったから、手《て》づくりケーキをお母《かあ》さんに教《おし》えてもらってつくったんだぜ。

よろこんでもらえてうれしかったなぁ。

つきあうとは何《なに》か？は、人《ひと》によってちがうわ。
自分《じぶん》の考《かんが》えをもって、相手《あいて》と話《はな》し合《あ》って、
おたがいの考《かんが》えの近《ちか》いところを見《み》つけていくことが大切《たいせつ》よ！

つきあったら、親《おや》に言《い》うべき？

親《おや》に言《い》うと、お得《とく》がいっぱい！

こんなことができるようになるかも！

- 家《いえ》で遊《あそ》べる
- クリスマスや誕生日《たんじょうび》に、家《いえ》などでいっしょにすごせる
- 親《おや》どうしもなかよくなって、遠《とお》くへ遊《あそ》びに連《つ》れていってもらえる

親《おや》が子《こ》どもをしばる理由《りゆう》は、とにかく心配《しんぱい》だから

心配《しんぱい》ポイントを知《し》ってそれを避《さ》けるだけでも、きみたちの自由度《じゆうど》はアップするはずだよ。

親《おや》の心配《しんぱい》ポイント

帰《かえ》りがおそくなるなど生活《せいかつ》リズムが乱《みだ》れないか？

相手《あいて》の親《おや》のことを心配《しんぱい》させていないか？

成績《せいせき》が落《お》ちるんじゃないか？

エッチなことをして自分《じぶん》の体《からだ》を危険《きけん》にさらしていないか？

最初《さいしょ》は、はずかしいけど、親公認《おやこうにん》のほうがおつきあいを楽《たの》しめるわ。「お母《かあ》さんお父《とう》さんは、何《なに》が心配《しんぱい》？」って、きいて話《はな》し合《あ》ってみるのもおすすめよ！

カップルと親《おや》が大激論《だいげきろん》 今《いま》、明《あ》かされる親《おや》のホンネ

参加《さんか》メンバー

はるまの母《はは》

ふたりをあたたかく見守《みまも》っている。

はるま ♡ みさき

つきあっていることを当初《とうしょ》から親《おや》に話《はな》している。

さくらの父《ちち》

ふたりがつきあうことに不安《ふあん》を感《かん》じている。

ゆきと ♡ さくら

つきあっていることを親《おや》にナイショにしていたけど、あるできごとでバレてしまった。

はるま

ここに、2組《くみ》のカップルと——

みさき

それぞれの親《おや》がふたり、集《あつ》まっています！

さくら父

ぼくはね、きみたちをしばりつけたいわけじゃないんだよ。

ゆきと

……。

さくら

まぁまぁお父《とう》さん、その話《はなし》はおいといて。はるまくんとみさきちゃんは、おつきあいをしていることを親《おや》にどんなふうに話《はな》しているの？

はるま

オレの家《いえ》はオープンに恋《こい》バナするんだよね。姉《ねえ》ちゃんも昔《むかし》から、お母《かあ》さんと恋《こい》バナでもりあがってたし。好《す》きな人《ひと》から連絡《れんらく》が来《き》たときなんか、もうバレバレで（笑《わらい》）。

みさき

はるまが親《おや》に言《い》っててくれたから、つきあいはじめてからけっこうすぐに、家《いえ》でいっしょに勉強《べんきょう》したりしてたよね。

はるま母
いっしょに晩《ばん》ごはんを食《た》べたりね。

みさき
ハイ、ありがとうございます。うちも同《おな》じように親《おや》に報告《ほうこく》してたから、おたがいの親《おや》がおたがいのこと知《し》ってるって感《かん》じ。

はるま
ところで、あそこでだまっている男子《だんし》は……？

さくら
ああ、彼氏《かれし》のゆきとです。

ゆきと
どうも。

はるま
彼女《かのじょ》の父親《ちちおや》がいたら、そりゃあ、きんちょうするよね。

ゆきと
じつはそれだけじゃなくて……。このあいだ、近所《きんじょ》のお祭《まつ》りにふたりで行ったとき、6時《じ》までに帰《かえ》る約束《やくそく》をしていたのに7時半《じはん》になっちゃって……。

さくら父
反省《はんせい》してるようだから、もうゆるしてるよ。

ゆきと
本当《ほんとう》に、すみませんでした。

さくら
うちらは、はるまくん&みさきちゃんカップルとはちがって、つきあっていることを親《おや》にナイショにしてたんだよね。それで、お祭《まつ》りのときに心配《しんぱい》した親《おや》が、友達《ともだち》みんなに電話《でんわ》をかけまくって、大騒動《おおそうどう》になって……。

ゆきと　それでバレちゃった……みたいな。

はるま　うわぁ。そんなできごと、想像《そうぞう》しただけで落《お》ちこむわ。

はるま母　お父《とう》さん、心配《しんぱい》だったんですよね。

さくら父　そうなんですよ。それでつい、ふたりをどなりつけちゃってね。

たこやき
さくらがどこにいるか知りませんか!?
たこやき食べてます！彼氏と…

みさき　そんなことがあったあとじゃあ、ゆきとくんもこんなふうにおとなしくなりますよ。

はるま　いい子《こ》のフリするわけじゃないけど、親《おや》の心《しん》配《ぱい》ポイントをクリアすると、自由《じゆう》になれていいぜ。

みさき　そうそう。ふたりで遊《あそ》ぶときにおこづかいがもらえたりとか。

ゆきと　へぇー、いいなぁ。何《なに》かルールとか決《き》めてるの？

はるま　だれと出《で》かけるかちゃんと言《い》う、帰《かえ》る時間《じかん》を決《き》めてそのとおりに帰《かえ》る、おくれそうになったら電話《でんわ》をする……そんな感《かん》じかなぁ。

はるま母　ルールっていうよりも、心配《しんぱい》をかけないような工夫《くふう》だね。

みさき　自分《じぶん》たちにとっていいことがあるから、そうしてるんだよね。

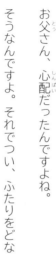

はるま　そうだね。

みさき　さくらちゃんのお父《とう》さんは、どんなことが心《しん》配《ぱい》なんですか？

さくら　そういえば、わたしもきいたことなかった！

さくら父　帰《かえ》りがおそくならないか、事件《じけん》やトラブルにまきこまれてないか、おつきあいをすることで成績《せいせき》が落《お》ちないか……。

はるま母　そうね、わたしも同《おな》じだわ。みさきちゃんの親御《おやご》さんに心配《しんぱい》かけてないかしら、とかね。

はるま　つきあうこと自体《じたい》に、反対《はんたい》なんですか？

さくら父　難《むずか》しい問題《もんだい》だなぁ。

はるま母　でも、反対《はんたい》したところでつきあうでしょ。

さくら　そうかもですね……。

はるま母　だったら、つきあったうえで、正直《しょうじき》に話《はな》してくれたほうがいいわ。

さくら父　そうだな。

ゆきと　なんか、ちょっと気《き》が楽《らく》になりました。

みさき　なんで？

ゆきと　オレ、お父《とう》さんにきらわれてるのかと思《おも》ってたから。

さくら父　まぁ、ちょっとはきらいだけど。

ゆきと えっ！

さくら父 あはは。じょうだん、じょうだん。

みさき きらいだからきびしいんじゃなくて、心配《しんぱい》だからきびしいんですよね。

さくら 「親《おや》の心配《しんぱい》ポイントをクリアする」って考《かんが》えたら、なんかできそうな気《き》がしてきた。

みさき しかも、いいことづくし！　おすすめだよ。

はるま オレ、みさきの家《いえ》のバーベキューによんでもらったことあるんだけどさ、みさきって火《ひ》おこしめっちゃ上手《じょうず》なの。

みさき そうだっけ。

はるま 不器用《ぶきよう》な子《こ》だって思《おも》ってたから、意外《いがい》だった。あと、家族《かぞく》の前《まえ》だと口《くち》が悪《わる》い（笑《わらい》）。

ゆきと 知《し》らなかった一面《いちめん》も見《み》られるってわけか。

みさき マイナスなことしか言《い》われてないんですけど……。

さくら 好《す》きな人《ひと》だったら、どんなところもかわいいってことよ。

さくら父 うちもバーベキューするか。

はるま母 みんなでやったら楽《たの》しいんじゃない？

さくら それいい！　すごい楽《たの》しそう！

みさき ほらね、いいことしかないでしょ。

おつきあいをすることについて、
保護者《ほごしゃ》と話《はな》してみるのは、じつはおすすめなの。
楽《たの》しい関係《かんけい》を手《て》に入《い》れることができるはずよ！

おつきあいをしていて、エッチなことをせまられたら

今《いま》はかならず NO《ノー》と言《い》おう

「ダメだよ」じゃなくて「いやだ」と伝《つた》えよう。

たとえばこんな伝《つた》え方《かた》……

なぜエッチしちゃダメなの？

子《こ》どもができる可能性《かのうせい》があるから

未熟《みじゅく》な体《からだ》での妊娠《にんしん》は危険性《きけんせい》があるし、きみたちの年齢《ねんれい》では子《こ》どもを育《そだ》てるのに十分《じゅうぶん》なお金《かね》を稼《かせ》げない。そして、妊娠《にんしん》を中断《ちゅうだん》させる手術《しゅじゅつ》は、女性《じょせい》の体《からだ》と心《こころ》を深《ふか》く傷《きず》つけるよ。

体《からだ》が傷《きず》ついたり、細菌《さいきん》やウイルスに感染《かんせん》するリスクがあるから

それをふせぐための知識《ちしき》が十分《じゅうぶん》にない今《いま》は、絶対《ぜったい》ダメ。

したい気持《きも》ちもおかしくない

好《す》きになった相手《あいて》に、「さわりたい」、「もっと近《ちか》づきたい」と思《おも》うのはあたりまえの気持《きも》ち。まったくおかしなことではないんだ。でも、早《はや》く経験《けいけん》したからってカッコイイわけじゃない。そこのところ誤解《ごかい》しないで！

ことわっても相手《あいて》を否定《ひてい》したことにはならない

「相手《あいて》にきらわれたくない」という気持《きも》ちで流《なが》されないで。きみのことを大切《たいせつ》に思《おも》っているなら、NO《ノー》と言《い》っても相手《あいて》はわかってくれるはず。もしそうでないなら、「本当《ほんとう》に好《す》きではない」ということだよ。

子《こ》どもが生《う》まれたら、勉強《べんきょう》や部活《ぶかつ》、休日《きゅうじつ》に遊《あそ》んだりっていう学生《がくせい》らしい生活《せいかつ》が送《おく》れなくなる……。あなたの人生《じんせい》が大《おお》きく変《か》わるわね。

子《こ》どもはセックスしちゃダメなの？

どうして子《こ》どもはセックスしちゃダメなの？　恋人《こいびと》と愛《あい》し合《あ》っているし、大好《だいす》きどうしなのに――。

そう考《かんが》えるきみの気持《きも》ちは、すごくわかる。

だけど、子《こ》どもはセックスしちゃダメなんだ。それはなぜか？　について、教《おし》えるね。

きみはまだ、自分《じぶん》の力《ちから》だけで生《い》きていけないよね。

きみが学校《がっこう》に行《い》くことを決《き》めたのはだれ？　お金《かね》をはらっているのは？　住《す》む場所《ばしょ》はだれが決《き》めた？　ごはんはどうしている？　そのお金《かね》はだれが稼《かせ》ぐ？　勉強《べんきょう》はだれに教《おそ》わる？　わからないことがあったときに、だれにアドバイスをもらう？

自分《じぶん》のことを、自分《じぶん》だけで決《き》められないよね。

だから今《いま》はまだ、きみはきみだけのものじゃないし、恋人《こいびと》も恋人自身《こいびとじしん》のものでも、きみのものでもない。

「自分《じぶん》のことを全部自分《ぜんぶじぶん》で決められる」――これが大人《おとな》になるということだよ。

セックスをすると、妊娠《にんしん》して赤《あか》ちゃんができるほかに、危険《きけん》なことや不安《ふあん》なこともたくさんある。

・性《せい》の病気《びょうき》にかかってしまうかもしれない
・体《からだ》が未熟《みじゅく》なうちの妊娠《にんしん》や出産《しゅっさん》は、女《おんな》の子《こ》と赤《あか》ちゃんの命《いのち》を危険《きけん》にさらす
・妊娠《にんしん》を中断《ちゅうだん》させる手術《しゅじゅつ》は、女《おんな》の子《こ》の体《からだ》をリスクにさらすだけでなく、心《こころ》も深《ふか》く傷《きず》つけてしまう
・もし赤《あか》ちゃんを産《う》むとしても、子《こ》どものうちはできる仕事《しごと》がないから、お金《かね》がなくて育《そだ》てることができない

最初《さいしょ》に話《はな》したように、自分《じぶん》の力《ちから》だけで生《い》きていけないきみが、このような危険《きけん》や不安《ふあん》をとりのぞくことは、できないよね。

つきあっているからといって、「これをしないといけない」「あれをしないとヘン」ということはないよ。友達《ともだち》カップルや、インターネットなどの情報《じょうほう》に流《なが》されないで。おたがいの「つきあったらしたいこと」について話《はな》し合《あ》って、ふたりの考《かんが》えをだいじにし合《あ》えたら、大人《おとな》な考《かんが》えをもったスペシャルなカップルになれるよ。

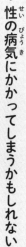

男《おとこ》が男《おとこ》を好《す》きってこともあるの？

りゅうとのりこの母《はは》
あれ？
マッサージ
あの人《ひと》たち、男《おとこ》どうし、くっついて歩《ある》いてる
あの人《ひと》たちはカップルなのかもね
えっ、男《おとこ》は女《おんな》を好《す》きになるんじゃないの!?
そうとはかぎらない。いろんな性《せい》があるのよ

いろいろな性《せい》がある！

「男《おとこ》は女《おんな》が好《す》き」、「女《おんな》は男《おとこ》が好《す》き」以外《いがい》にも、さまざまな性《せい》がある

体《からだ》も心《こころ》も男《おとこ》だけど、男《おとこ》が好《す》き！

体《からだ》も心《こころ》も女《おんな》だけど、女《おんな》が好《す》き！

体《からだ》は男《おとこ》、でも心《こころ》は女《おんな》、好《す》きになるのは男《おとこ》！

おどろいてしまうのはしかたがない

大切《たいせつ》なのは、自分《じぶん》とちがう性《せい》の人《ひと》と関《かか》わったときに、自分《じぶん》の常識《じょうしき》を疑《うたが》うことができるかどうか。「自分《じぶん》が正解《せいかい》で、相手《あいて》がヘンな人《ひと》」と決《き》めてかからないで。

不思議《ふしぎ》に思《おも》ったらきいてもいい

「はじめてそういう人《ひと》に会《あ》ったよ」、「いつ自分《じぶん》で気《き》がついたの？」と、素直《すなお》に心《こころ》に浮《う》かんだことを伝《つた》えてみてもいいよ。

ただ、そのときに「自分《じぶん》が正解《せいかい》で、相手《あいて》がヘンな人《ひと》」と考《かんが》えていると心《こころ》が通《つう》じない。

たとえば「どうしてきみは、女《おんな》なのに男《おとこ》が好《す》きなの？」ってきかれても答《こた》えられないよね。「気《き》がついたらそうだった」としか言《い》えないはず。それは、どんな性《せい》の人《ひと》にも同《おな》じことなんだよ。

コラム

男《おとこ》らしさ、女《おんな》らしさって?

女《おんな》の子《こ》らしさ——ピンク色《いろ》が好《す》き、料理《りょうり》が上手《じょうず》、お人形遊《にんぎょうあそ》びが好《す》き、乱暴《らんぼう》な言葉《ことば》づかいをしない、足《あし》をとじてすわる。

男《おとこ》の子《こ》らしさ——青《あお》い色《いろ》が好《す》き、人前《ひとまえ》で泣《な》かない、外《そと》で遊《あそ》ぶのが好《す》き、ビビることはあまりない、女《おんな》の子《こ》を守《まも》る。

これをきいて、どう思《おも》う?「ふつうじゃん」って思《おも》った人《ひと》と、「自分《じぶん》はちがうかも」って思《おも》った人《ひと》がいるんじゃないかな。

このイメージは、大人《おとな》、学校《がっこう》、テレビ、マンガなどから影響《えいきょう》を受《う》けて、あなたの中《なか》につくりだされたもの。じつは、自分《じぶん》で考《かんが》えてつくったものではないんだよ。「男《おとこ》って、女《おんな》って、そういうものだよね」って、思《おも》いこんでいるだけなんだ。

だから、「ちがうかも」と思《おも》った人《ひと》は、ヘンじゃないから安心《あんしん》してね。

「ふつうじゃん」と思《おも》った人《ひと》は、他人《たにん》も同《おな》じだと思《おも》っておしつけないようにしてほしい。

みんな同《おな》じようにしなくちゃいけない社《しゃ》会《かい》はつらいはず。

みんながそれぞれちがうというのが、そもそも自然《しぜん》なことなんだ。

第《だい》5章《しょう》

あのころ、なやんでいた
先《せん》輩《ぱい》たちからのメッセージ

先輩《せんぱい》たちも恋《こい》になやんで生《い》きてきた……

わたしはわたしで
不安《ふあん》はあるよ～♪
ピョン
同《おな》じ中学《ちゅうがく》に行《い》けるかもわからないし、高校《こうこう》も、大学《だいがく》もあるんだよ～♪
人生《じんせい》って長《なが》すぎる～！♪
ふたりとも～♪
それぞれなやみをかかえているのね～♪
そんなあなたたちのために～先輩《せんぱい》たちに話《はなし》をきいてきたわ～♪
体験談《たいけんだん》を～参考《さんこう》にしてみてちょうだいね～♪
キャー♡

中学生《ちゅうがくせい》のとき、大失恋《だいしつれん》!

ひろし（19歳《さい》）
大学生《だいがくせい》

大失恋《だいしつれん》した当時《とうじ》は、もうこの世《よ》の終《お》わりだと思《おも》っていたけど、大学生《だいがくせい》になったらある出会《であ》いが――

〜中学時代《ちゅうがくじだい》〜
おい、今野《こんの》さんが青空高校《あおぞらこうこう》のヤツとつきあってるってよ!
彼氏が校門に!
うそっ
本当《ほんとう》だ……
おまたせ〜
今野《こんの》さん、美人《びじん》だもんなぁ〜
ガクッ
う、ううう〜!!
まさかおまえ、今野《こんの》さんのこと好《す》きだったのかよ〜!!

うわあぁぁ
ああぁぁ…
このときの絶望感《ぜつぼうかん》は今でもおぼえている。
卒業証書授与《そつぎょうしょうしょじゅよ》!
彼氏《かれし》と同《おな》じ高校《こうこう》なんでしょ?いいな〜!
今日《きょう》もむかえに来《き》てくれてるんだ!
結局《けっきょく》今野《こんの》さんは、彼氏《かれし》のいる高校《こうこう》に進学《しんがく》——
おめでとう♥
ありがとー♥
オレの出《で》る幕《まく》、完全《かんぜん》にナシ。

〜高校《こうこう》時代《じだい》〜
そしてオレは、高校生《こうこうせい》になった。
ナイッシュー!!
高校《こうこう》で好《す》きな人《ひと》はできたものの、
ひろしくん お水《みず》!
先輩《せんぱい》! あざっす!
ゴクゴク
元気かな…
やっぱり今野《こんの》さんを完全《かんぜん》にわすれることはできなかった。

結局《けっきょく》、高校時代《こうこうじだい》は部活《ぶかつ》と勉強《べんきょう》に明《あ》け暮《く》れた!
ひろしは彼女《かのじょ》つくらんの?
うーん彼女《かのじょ》とかめんどくさくね?
図書館
ふー今日《きょう》もはかどったぜ
やっぱひとりが気楽《きらく》だわ〜
このセリフ、3年間《ねんかん》で1万回《まんかい》は心《こころ》の中《なか》でとなえたぜ。
カキカキ
全《まった》く本心《ほんしん》ではなかったけどな。
ボフ
彼女《かのじょ》ほし〜〜〜

～大学入学《だいがくにゅうがく》～
オレは猛勉強《もうべんきょう》して見事《みごと》志望校《しぼうこう》に合格《ごうかく》！
〇〇大学
テニスサークル
バスケサークル
サークル入《はい》ったら彼女《かのじょ》できるかなー
いやいややっぱひとりが気楽《きらく》だって～
しかし、その日《ひ》は突然《とつぜん》おとずれた。
図書館
あれないなー
すみません司書《ししょ》さん！
はい！
オレは激《はげ》しい恋《こい》に落《お》ちた。
ビリビリ
おはようございます
会《あ》いたくて毎日《まいにち》本《ほん》を借《か》りに行《い》くようになった。

大失恋《だいしつれん》しても、絶対《ぜったい》に立《た》ち直《なお》れる。

つらい時期《じき》は今《いま》だけよ！

彼《かれ》氏《し》と長《なが》続《つづ》き、しています！

ゆうこ（18歳《さい》）大学生《だいがくせい》

小学生《しょうがくせい》のときから大好《だいす》きなカレと、大学生《だいがくせい》になった今《いま》もなかよしです。

小学生《しょうがくせい》のとき、3年間《ねんかん》片想《かたおも》いをしていた男子《だんし》に、思《おも》いきって卒業式《そつぎょうしき》で告白《こくはく》。
す、す、好《す》きです
卒業式
オレも……
結果《けっか》はなんとOK！同《おな》じ中学校《ちゅうがっこう》に進学《しんがく》しました。
あー泣かしてる！
わーん
ち、ちがうって

中学生《ちゅうがくせい》って いそがしくて、
ゆうこー！

ごめん！

部活《ぶかつ》が 長引《ながび》きそう だから先《さき》に 帰《かえ》ってて！

なかなかふたりの 時間《じかん》がない日々《ひび》。

わかった！ がんばってね！

だけど……

チクチク
明日《あした》、これを わたそう！

会《あ》わなくても、部活《ぶかつ》をがんばっている カレをおうえん できる方法《ほうほう》を いつも考《かんが》えていました。

そして、ひさしぶりに いっしょに帰《かえ》れたある日《ひ》……

お待《ま》たせ！

おせーよ
なんか、怖《こわ》い……

……
……
ピタ
あのさ……
さっきみたいに言《い》われるの、
怖《こわ》いからやめてほしい
ごめん……
やつあたり
何《なに》かあったの？
じつは……
レギュラーおろされたんだ

そんな……
ほんと くやしくて
友達《ともだち》には ショックなこと かくしてるん だけどさ
彼女《かのじょ》に 当《あ》たるなんて サイテーだよな
ううん
話《はな》してくれて ありがとう
絶対《ぜったい》にまた レギュラーに なれるよ!
たっちゃん、いつも がんばってるもん!
おうえんする!
ありがとう! パワーが出《で》てきたよ
コソ練《れん》してるし、次《つぎ》の試合《しあい》では レギュラーを 取《と》り返《かえ》すぜ!
うん!
レギュラーを おろされたことは わたしもショック だったけど、友達《ともだち》に言《い》えないことを わたしに言《い》ってくれた のはうれしかった……

美術部
カレもわたしが部活《ぶかつ》をがんばるのをおうえんしてくれていました。
これ、おまえの彼女《かのじょ》のじゃん
〇〇ゆうこ
おう
すげー。こんなのどうやって描《か》くんだろ
へへっ
ブブ
美術室《びじゅつしつ》の前《まえ》の絵《え》、見《み》たよ。コンクール、絶対入選《ぜったいにゅうせん》する!!
じーん

親《した》しき仲《なか》にも礼儀《れいぎ》あり。つきあいが長《なが》くなっても、
相手《あいて》を思《おも》いやることってすごくだいじなの！

男《おとこ》だけど、男《おとこ》が好《す》き

ゆうた（20歳《さい》）
大学生《だいがくせい》

むかしはずいぶん
なやんだけど、
今《いま》は理解《りかい》してくれる
仲間《なかま》もできたんだ。

オレは、男《おとこ》だけど
男《おとこ》の人《ひと》を好《す》きになる。
小学生《しょうがくせい》のころは
まだはっきりと
わかっていなかった。
ホレ
ホレ
返してよー
ギャハハ
オレ、人《ひと》とは
ちょっとちがう
気《き》がする……
でも、高校生《こうこうせい》に
なったとき……
ちょっと
見《み》せて……
なるほどー
すげーな
ただしのことは好《す》きだけど、
友達《ともだち》としての好《す》きとは、
なんとなくちがう気《き》がした。

そんなある日《ひ》のこと……
おう ゆうた！
帰《かえ》るの？
うん
あれ？ おまえ部活《ぶかつ》は？
今日《きょう》、体育館《たいいくかん》使《つか》えないんだよ
バレー部《ぶ》だっけ？
そう
ぐうぜん、いっしょに帰《かえ》ることになった。
その日《ひ》オレたちは、おたがいのことを話《はな》した。
あのシーン めっちゃ ウケなかった？
そうそう！
好《す》きなマンガ、部活《ぶかつ》、受験《じゅけん》、将来《しょうらい》のこと……
東京の大学に行きたいんだ
へー
あとから思《おも》えば、この日《ひ》はオレたちがなかよくなるきっかけの日《ひ》だったと思《おも》う。

そして、自分《じぶん》の気持《きも》ちに気《き》づくことになった。
でさー
アハハー
あ、まりこちゃんとなかがいいんだ……。
なんでだろう悲《かな》しい
もしかしてオレ、恋愛対象《れんあいたいしょう》としてただしのことが好《す》きなのかもしれない
オレとただしは親友《しんゆう》の関係《かんけい》を続《つづ》けた。
しかし卒業式《そつぎょうしき》の日《ひ》——
卒業式
とつぜんでビックリさせてしまうけど……
オレ、男《おとこ》だけど男《おとこ》のことが好《す》きなんだ
このことを打《う》ち明《あ》けたのは、ただしがはじめてだった。好《す》きな人《ひと》に、本当《ほんとう》の自分《じぶん》を知《し》ってほしかったから。
そうなんだ、言《い》ってくれてありがとう
びっくりしたけど、ゆうたは、ゆうただぜ
東京でもがんばれよー！
ありがとう！
好《す》きだと告白《こくはく》はできなかった。気持《きも》ちを伝《つた》えて、気持《きも》ち悪《わる》がられたり、拒絶《きょぜつ》されたりするのが、怖《こわ》かったから。

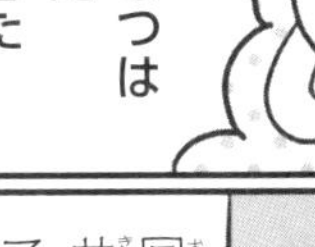

人《ひと》とちがうこと ＝《イコール》 気持《きも》ち悪《わる》い、まちがってる、

ということは絶対《ぜったい》にない！

自分《じぶん》の性《せい》に素直《すなお》なままで大丈夫《だいじょうぶ》よ。

マンガで見《み》る 父《ちち》と母《はは》のラブストーリー

父編《ちちへん》

なおひろ

現在《げんざい》45歳《さい》
のりちゃん、
りゅうくんの父《ちち》

オレは
なおひろ
高校《こうこう》2年生《ねんせい》。
彼女《かのじょ》いない歴《れき》17年《ねん》。
しかし最近《さいきん》気《き》になる子《こ》ができた……
ワーワー
その名《な》はまさみちゃん。
あまり話《はな》したことはない。

母編《ははへん》

まさみ

現在《げんざい》45歳《さい》
のりちゃん、
りゅうくんの母《はは》

わたしは
まさみ
高校《こうこう》2年生《ねんせい》。
昨日の月9見た？
見た見た♡
前《まえ》の彼《かれ》と
お別《わか》れして
もう1年《ねん》。
わたしも
新《あたら》しい恋《こい》、
したいなぁ……
そういえば！

1

2

次《つぎ》のページにつづく!

なおひろ先輩《せんぱい》！
おはよう
ございます！
野球部
おう
まさみちゃんに
気持《きも》ちがバレて
しまったぁ〜!!
はずかしすぎて
死《し》にそう……！
ガクゥ
うお――!!
オレ、もう……
部活《ぶかつ》に生《い》きるぜ！
うおー！
オレも
手伝《てつだ》うよ
1年生《ねんせい》だけで
やるから
いいっすよ！
いや、でも
校庭《こうてい》使《つか》うのって
ほとんど
オレらじゃん
あ、
なおひろくんだ!!
……ん？
なおひろくん
レギュラーなのに
1年生《ねんせい》といっしょに
準備《じゅんび》してるんだ……
じ――ん
せんぱい……

3

次《つぎ》のページにつづく!

とつぜん
なんだけど……、
好《す》きです！
つきあってください！
どうして、
わたしの
ことを？
体育祭《たいいくさい》で、
おうえん
団長姿《だんちょうすがた》を
見《み》てから……
えっ!?
フレーフレー
男《おとこ》らしいって
みんなから
言《い》われてたのに
いや……、
一生懸命《いっしょうけんめい》で
かわいかった……
うふふ
なおひろくんって
やさしいよね
うん……。
つきあおっ
ほんとに!?
やったー!!
時《とき》は流《なが》れ……
はげましあった受験勉強《じゅけんべんきょう》
祝《しゅく》・大学入学《だいがくにゅうがく》
合格発表
青春《せいしゅん》のキャンパスライフ
社会人《しゃかいじん》として歩《あゆ》みだす……
やがて……
結婚《けっこん》しよう
うん

5

りゅうくんとのりちゃんの両親《りょうしん》は、
こんな恋愛《れんあい》をしてきたのね。きみのまわりの
大人《おとな》たちに、きいてみるのもおもしろいかもね!

恋愛《れんあい》にだいじなのは、思《おも》いやり！

どこかに行《い》っちゃうの?
恋《こい》に迷《まよ》える子羊《こひつじ》のところにね
また会《あ》える?
恋愛《れんあい》でなやむようなことがあったら
その事態《じたい》は避《さ》けたいな……
恋愛《れんあい》にだいじなのは、思《おも》いやり! 思《おも》いやりがすべてよ!
ふたりともがんばって〜
パッ
ハートちゃーーん!
あーあ、ふつうのサボテンにもどっちゃったね
どれどれ
を
いてっ!
チクッ
なんかこの痛《いた》み……失恋《しつれん》の胸《むね》の痛《いた》みを思《おも》い出《だ》した……!
ガクッ
ちょっとお兄ちゃん!!

おわりに

ハートちゃんたちといっしょに、きみの恋愛《れんあい》のなやみは解決《かいけつ》できたかな？
今《いま》までなんとも思《おも》っていなかったクラスメイトのことが、
なんだかとっても気《き》になってしまう。家《いえ》に帰《かえ》ってからもずっと考《かんが》えてしまう。
もしかして、これが恋《こい》？
そんな人生初《じんせいはつ》とも言《い》える感情《かんじょう》を、じゅうぶんに味《あじ》わって、楽《たの》しんでほしいな。
恋《こい》になやんで、切《せつ》なくなって、まよいながら、
自分《じぶん》のことを好《す》きになってもらおうと努力《どりょく》する。
そのことであなた自身《じしん》が最大限《さいだいげん》にみがかれて、魅力的《みりょくてき》になっていくんだ。
恋《こい》はあなたを大《おお》きく成長《せいちょう》させてくれるし、日常《にちじょう》が楽《たの》しくなる。
――魔法《まほう》みたいだよね。
だから、今《いま》は思《おも》いっきり恋《こい》をしてね。
その想《おも》いがかなっても、かなわなくても、すてきなこと。
恋《こい》する気持《きも》ちを大切《たいせつ》にしていって！

この本《ほん》を読《よ》んで、なやんでいるきみの心《こころ》が楽《らく》になったり、
解決《かいけつ》への希望《きぼう》が見《み》えてきたりするようだとうれしい。
もし、つらい気持《きも》ちからなかなかぬけだせない、
まわりに相談《そうだん》できる人《ひと》がいないなら、
子《こ》どものための相談窓口《そうだんまどぐち》に電話《でんわ》してみるのも手《て》だよ。
ちょっと勇気《ゆうき》がいるかもしれないけど、相手《あいて》は慣《な》れているし、
相談内容《そうだんないよう》の秘密《ひみつ》は守《まも》ってくれるから心配《しんぱい》ない。
電話《でんわ》では、自分《じぶん》の名前《なまえ》や学校名《がっこうめい》を伝《つた》えなくてもいいよ。
自分《じぶん》を助《たす》けるために、一歩前《いっぽまえ》へふみだして。

・24時間《じかん》子供《こども》SOS《エスオーエス》ダイヤル　0120-0-78310《なやみいおう》

＊受付時間《うけつけじかん》：夜間《やかん》・休日《きゅうじつ》をふくめていつかけてもOK

いじめにかぎらず子《こ》どものSOS《エスオーエス》を受《う》けとめる窓口《まどぐち》。
原則《げんそく》として電話《でんわ》をかけた場所《ばしょ》の教育委員会《きょういくいいんかい》の相談機関《そうだんきかん》につないでくれる。

・子《こ》どもの人権《じんけん》110番《ばん》　0120-007-110《ぜろぜろななのひゃくとおばん》

＊受付時間《うけつけじかん》：平日午前《へいじつごぜん》8時《じ》30分《ぶん》から午後《ごご》5時《じ》15分《ふん》まで
(12月《がつ》29日《にち》〜1月3日《がつみっか》はお休《やす》み)

法務局《ほうむきょく》・地方法務局《ちほうほうむきょく》の職員《しょくいん》、または人権擁護委員《じんけんようごいいん》が話《はなし》をきいて、
どうしたらいいかいっしょに考《かんが》えてくれる。
インターネットでの相談《そうだん》も受《う》け付《つ》けている。
http://www.jinken.go.jp/（法務省《ほうむしょう》インターネット人権相談受付窓口《じんけんそうだんうけつけまどぐち》　SOS-e《エスオーエスイー》メール）

・チャイルドライン　0120-99-7777

＊受付時間《うけつけじかん》：毎週月曜日《まいしゅうげつようび》から土曜日《どようび》の午後《ごご》4時《じ》から午後《ごご》9時《じ》まで
(12月《がつ》29日《にち》〜1月3日《がつみっか》はお休《やす》み。地域《ちいき》によっては日曜日《にちようび》もかけられる)

18歳《さい》までの子《こ》どものための相談窓口《そうだんまどぐち》。思《おも》いを話《はな》すことで楽《らく》になれるよう、
気持《きも》ちを受《う》けとめてくれる。話《はなし》をきくのは「受《う》け手《て》」とよばれる
ボランティアの大人《おとな》たち。

・通話料《つうわりょう》は無料《むりょう》。携帯電話《けいたいでんわ》（スマートフォン）、公衆電話《こうしゅうでんわ》からも無料《むりょう》。公衆電話《こうしゅうでんわ》からかけるときは、最初《さいしょ》にお金《かね》を入《い》れて。通話《つうわ》が終《お》わるとお金《かね》はもどってくる。

・IP《アイピー》電話《でんわ》（050で始《はじ》まる番号《ばんごう》）ではつながらないことがある。
「子《こ》どもの人権《じんけん》110番《ばん》」は、IP《アイピー》電話《でんわ》からかけられる番号《ばんごう》がある（通話料《つうわりょう》は有料《ゆうりょう》）。

※ 電話番号《でんわばんごう》、アドレス、サービス内容《ないよう》は、2017年《ねん》11月現在《がつげんざい》のものです。変更《へんこう》になる可能性《かのうせい》もあります。

監修　桃山商事

清田隆之（代表）と森田雄飛（専務）による恋バナ収集ユニット。2001年結成。これまで1000人以上の男女から見聞きしたお悩みや失恋体験をコラムやラジオで紹介している。著書に『二軍男子が恋バナはじめました。』（原書房）、『生き抜くための恋愛相談』（イースト・プレス）がある。

監修　北川雄一

1980年生まれ。日本体育大学体育学部卒。現在、江戸川区立上小岩第二小学校、主任教諭。大学在学中から野外教育、冒険教育、ファシリテーション等を学び、それらを生かしたクラスづくり、授業づくりに力を入れている。

文　梶塚美帆

1986年宮城県生まれ。編集者、ライター。子ども向け書籍専門の編集プロダクションに勤務し、絵本や児童書の企画・制作を担当。約40冊を手掛ける。現在はウェブ媒体や子ども向けの書籍を中心に、執筆や編集をおこなっている。

絵　つぼいひろき

1976年東京都生まれ。成蹊大学法学部卒業。大学在学中にはプロボクサーとしてリングに上がる。卒業後、共同印刷入社。渋谷アートスクールに入学しイラストを学ぶ。その後、共同印刷を退社、フリーのイラストレーターとなる。絵を担当した書籍に『超爆笑100連発！お笑い天国 』『絶対ダマされる!! ひっかけ &10回クイズ 』（ともにポプラ社）など。

編集協力　長井亜弓、生田目浩美.
作画協力　とげとげ、吉《よし》家《いえ》千《ち》陽《はる》

〔ききめ〕
おなやみ解決・はげまし

なやみと〜る

1 友《とも》だち関係《かんけい》のなやみ
2 恋愛《れんあい》のなやみ
3 転校生《てんこうせい》のなやみ
4 運動《うんどう》のなやみ
5 ネット・SNSのなやみ

〈全5巻〉

なやみと〜る ② 恋愛のなやみ

2018年3月15日 第1刷発行
2020年3月15日 第2刷発行

監修 桃山商事・北川雄一
文 梶塚美帆
絵 つぼいひろき
発行者 岩崎弘明
編集 増井麻美
発行所 株式会社岩崎書店
〒112-0005 東京都文京区水道 1-9-2
03-3812-9131（営業）03-3813-5526（編集）振替 00170-5-96822
印刷所 三美印刷株式会社
製本所 株式会社若林製本工場
装丁・本文デザイン 吉沢千明

Published by Iwasaki Publishing Co., Ltd. Printed in Japan
NDC159 ISBN 978-4-265-08602-3

●ご意見・ご感想をお寄せください。 E-mail info@iwasakishoten.co.jp
●岩崎書店ホームページ http://www.iwasakishoten.co.jp